Ion Ionescu-Stehl

Potemkins Nachfahren

Ion Ionescu-Stehl

Potemkins Nachfahren

Die Demaskierung der Ostblockgesellschaft

BONN AKTUELL

CIP-Kurztitelaufnahme der Deutschen Bibliothek

Ionescu-Stehl, Ion:
Potemkins Nachfahren: d. Demaskierung
d. Ostblockgesellschaft / Ion Ionescu-Stehl
Stuttgart: Verlag Bonn Aktuell, 1987

Verlag BONN AKTUELL GmbH
Juni 1987
ISBN 3-87959-314-0

Umschlaggestaltung: Reichert Buchgestaltung, Stuttgart
Satz: Fotosatz H. Buck, Kumhausen
Druck und Bindung: Kösel, Kempten

Inhalt

Einführende Gedanken

In POTEMKINS NACHFAHREN unternimmt Autor Ion Ionescu-Stehl einen schwierigen Versuch: ohne spektakuläre Mittel die inneren Mechanismen kommunistischer Systeme aufzudecken. Die Überzeugungskraft dieses Buches liegt in seiner Authentizität: es ist im Bewußtsein entstanden, daß ein Bekanntwerden des Unternehmens, es zu schreiben, Folgen für die persönliche Sicherheit haben würde, in einem Land, in dem Schreibmaschinen registriert werden. Daher konzentriert sich die Wiedergabe nicht auf stilistische sondern auf inhaltliche Fragen. Dem Autor ging es um die Sache, er will sozusagen den Schleier lüften. Die Chance des Buches liegt im Zeitpunkt des Erscheinens: Wieder beobachtet die westliche Welt, wie im „Osten" das System einer Erneuerung entgegengeführt werden soll. Wunschvorstellungen werden damit verbunden, Absichtserklärungen gelten als Realität. Jetzt geht es um „Glasnost", um Offenheit, und die Umwälzung soll im führenden Land der kommunistischen Welt geschehen, in der Sowjetunion.

Die öffentliche Meinung ist geteilt. Manche Skeptiker erinnern an die Erfahrungen der letzten Jahrzehnte, an die gescheiterten Versuche dem real existierenden Sozialismus ein menschliches Antlitz zu verleihen, wie es der Prager Frühling wollte. An die Entstalinisierung unter Chruschtschow und die blutige Niederschlagung des ungarischen Aufstands 1956, an das Tauwetter der sechziger Jahre und die Breshnew-Doktrin mit dem Einmarsch in die Tschechoslowakei 1968, an die friedliche Koexistenz der siebziger Jahre mit der Aufstellung der SS-20-Raketen, an Afghanistan, an Solidarnosc und die Knebelung durch das Kriegsrecht. Und so fort.

„Glasnost" und „Perestrojka" wecken eine andere Art von Hoffnungen. Nun sollen die Reformen von der Spitze der KPdSU eingeleitet werden: von Generalsekretär Gorbatschow selbst. Nur, die kommunistischen Parteien verstehen sich als revolutionäre Parteien, sie lehnen Reformen grundsätzlich als Verrat an der Arbeiterklasse ab. Siebzig Jahre sowjetischer Innenpolitik gründen auf diesem Prinzip, beim revolutionären Aufbau des Sozialismus wurden Reformer ausgeschaltet. Wie schnell kann ein Umdenken vor sich gehen? Gewähren die systemimmanenten Trägheiten einem solchen Umdenken überhaupt eine Chance? Ist die Machtbasis, das Heer der 17 Millionen Parteifunktionäre bereit, auf Privilegien zu verzichten, den Weg zu einem noch so schüchternen Pluralismus frei zu geben? Wie soll der „demokratische Zentralismus" als Machtquelle des totalitären Staates und seiner alleinherrschenden Partei plötzlich aufgegeben werden? Fragen über Fragen.

Dieses Buch bietet mit den Mitteln der marxistisch-leninistischen Lehre eine Antwort an. Nicht auf Gorbatschow. Aber, erfahrungsbedingt, auf die Wandlungsfähigkeit des Systems an sich. Erzogen im Geiste der Staatslehre, vergleicht der Autor Theorie und Praxis. Die Chance, das westliche Ausland kennenzulernen, ermöglicht ihm Vergleiche und Effektivitätsanalysen. Er lüftet den Schleier, läßt hinter die Fassade des potemkinischen Aufbaus blicken. Seine Schlüsse decken Denkmechanismen auf, die inneren Strukturen eines wandlungsunfähigen Systems, das unter dem Mantel des vorgetäuschten Fortschritts nach innen und außen Großmachtpolitik als Parteipolitik betreibt.

Der Alltag einer Welt, von der manche Idealvorstellungen hegen, wird von jemandem vermittelt, der diese Welt ohne westliche Devisen in der Tasche erlebt und der vom Selbstverständnis, vom Anspruch des Systems sich selbst gegenüber ausgeht. Dieser authentische Bericht eines Menschen in auswegloser Lage stimmt nachdenklich. Sein Schluß, sein Aufschrei ist eindringlich: Vertrauen darf nicht in Vertrauensseligkeit ausarten, Wünschenswertes – und jede Verbesserung des Lebens der Menschen im real existierenden Sozialismus ist wünschenswert! – darf nicht schon für wirklich genommen werden. Wünschenswerte Bestrebungen sollen unterstützt werden. Nur – wie heißt es so schön bei Lenin: Vertrauen ist gut, Kontrolle ist besser. Ion Ionescu-Stehls Appell ist eindringlich: Helft uns, aber vergeßt die gemeinsamen Erfahrungen nicht, laßt euch nicht von Worten beirren, fordert Taten.

Der Übersetzer

Der Flughafen

Wir fliegen mit einem Alitalia-Jet einen Flughafen in einem kommunistischen Land an. Unser Jumbojet ist voll sonnengebräunter, fast möchte ich sagen: sonnenverbrannter Leute. Ich sehe mich um: armselige Bekleidung, lange, ausgemergelte Gesichter, eingefallene Augen. Sie scheinen keine Italiener zu sein, trotzdem klingt ihre Sprache jener der Halbinselbewohner ähnlich. Ein freundlicher, mitteilungsbedürftiger Nachbar eröffnet mir: „Es sind rumänische Arbeiter, sie kehren aus Libyen zurück. . ."

Mein Interesse erwacht. Allmählich erfahre ich, daß aufgrund eines Vertrages, den der rumänische Staat mit Libyen geschlossen hat, diese Leute zwei Jahre lang ununterbrochen in der libyschen Wüste gearbeitet haben. Nun kehren sie für einen kurzen Urlaub in die Heimat zurück. Ihr Arbeitgeber (d.i. der rumänische Staat) steckt drei Viertel ihres Gehaltes in harten Devisen ein. Die Leute sind jedoch auch mit ihrem einen Viertel zufrieden, denn während der Zeit, in der sie in Libyen arbeiten, wird ihrer Familie ihr Gehalt in der Landeswährung monatlich ausgezahlt. So gesehen, stellen die Dollars einen Nettogewinn dar.

Dort, wo sie arbeiten, ist es sehr heiß und Trinkwasser fehlt. Viele erkranken, manche sterben. Eine ärztliche Betreuung fehlt praktisch völlig. Der rumänische Staat erhält als Entschädigung jeweils 50 000 Dollar für jeden Toten (so hat er kaum ein Interesse daran, sie selbst sicherzustellen!). Unter den Arbeitern gibt es aber auch welche, die sich solchen Lebensbedingungen anzupassen vermögen und sogar Überstunden leisten, um etwas mehr zu verdienen.

Die Stewardeß kündigt berufsmäßig lächelnd an: „Sorry – etwa 20 Minuten Verspätung".

Mein Nachbar klärt mich auf: „Der Flugzeugrumpf ist

voll bepackt mit dem Gepäck dieser Unglückseligen! Das Flugzeug ist so schwer, daß es seine normale Fluggeschwindigkeit nicht erreichen konnte. Was sie verdient haben, haben sie für Kleider und Geschenke für ihre Familien und Freunde ausgegeben!"

Endlich landen wir. Die ausgemergelten Gestalten mit ihren ängstlichen Augen tummeln sich dem Ausgang zu. Mir reicht die Zeit, um einen Blick durch das Fenster zu werfen: ein kleiner, trostlos öder Flughafen. Nur Soldaten mit ihren Kalaschnikows und deutschen Schäferhunden. „Wozu die vielen Soldaten?" „Es sind Grenzsoldaten, der Flughafen ist Grenzpunkt".

Ich erinnere mich an die Geschehnisse auf dem Flughafen von Entebbe und lächle ungläubig. Mein Nachbar versteht meine Zweifel und meint lachend: „Oh nein! Diese Grenzsoldaten bewachen eigentlich nicht den Flughafen, ich meine, ihre Aufmerksamkeit richtet sich eher nach innen als nach außen: sie wachen, daß nicht irgendein „irrer" Einheimischer den Versuch unternimmt, aus diesem Paradies zu fliehen". Ich beginne zu begreifen. . .

Die Formalitäten an der Grenze sind langwierig. Taschen und Tüten werden in einem Apparat belgischer Bauart durchleuchtet. Wird Auffälliges festgestellt, so prüfen die Grenzer die Taschen eigenhändig. Wir gehen eine Treppe hoch, kommen in einen hohen Saal. Ich muß eine Summe in Dollar einwechseln, die der Anzahl der Tage entspricht, die ich nach eigener Aussage zu bleiben gedenke. Der Wechselkurs ist skandalös, doch es gibt keine Chance, darüber zu verhandeln. Der Beamte schaut mich gleichgültig an und empfiehlt mir, den nächsten Flug in ein anderes Land im Transitraum abzuwarten. Den Zugang zu diesem Land bedingt dieser räuberische Wechselkurs.

Es folgt ein langes Warten auf das Gepäck. Meine Verblüffung wächst: Der Saal wird voll und voller mit Ballen und Kisten, bald scheint er zu klein. Es ist das Gepäck der Arbeiter, die aus Tripolis kommen.

Schlangen bilden sich vor den niedrigen Tischen, an denen die Zollbeamten ihres Amtes walten. Die Leute reden laut, gestikulieren, wirken aufgeregt. Die Zollbeamten heißen sie jede Kiste öffnen, jeden Ballen aufknüpfen: Der Inhalt wird detailliert aufgenommen. Ich schaue dem Treiben zu. Ein Zollbeamter mißt in aller Ruhe mit einem hölzernen Metermaß ein Stück Leinwand ab. Jeder Gegenstand wird sorgfältig in ein Buch eingetragen. Auf den ,,Zolltischen" häufen sich die alltäglichsten Objekte: Damenschlüpfer und Bikinis, Kosmetika, Polyester-Stoffballen (mit Seidenimitationen) oder (Kunststoff-) Teppiche, allerlei Konserven (Käse, Wurst, Bier, Kakao usw.). Alles wird in die Inventur aufgenommen und geschätzt. Für jeden ,,libyschen Gast" dauert die Prozedur etwa eine halbe Stunde. Vor mir stehen noch fünfzehn Leute und draußen beginnt es zu dunkeln. . .

Wieder komme ich neben meinem Nachbarn zu stehen, dem Italiener, der die Sprache zu kennen und mit den Dingen vertraut zu sein scheint. Er wirkt ebenso beunruhigt, murmelt nervös: ,,Die Leute müssen für jeden mitgebrachten Gegenstand Zoll zahlen, als hätten sie die Dinge nicht von ihrem schwer erarbeiteten Geld gekauft. . ."

,,Wie lange müssen wir noch warten?"

Der Italiener zuckt ohnmächtig die Achseln: ,,Wir können nicht anders – jetzt sind sie alle mit den Passagieren aus Libyen beschäftigt."

Im Saal knistert die Spannung. Wer gerade kontrolliert wird, beginnt zu protestieren. Als wären sie überrascht, auf solche Behandlung nicht gefaßt. Oder sind die Zollgebühren zu hoch? Plötzlich sehe ich einen älteren, grauhaarigen Mann mit einem Sharp-Kassettenrekorder in der Hand, er hebt ihn hoch, dreht ihn nach allen Seiten, als gelte es, eine Zirkusnummer vorzuführen. Dann nimmt er plötzlich Anlauf und knallt ihn mit aller Wucht gegen eine Wand. Der schön verarbeitete, glänzende Gegenstand zerschellt wie eine Granate. Seine Bestandteile fallen auf den Boden. Der Mann läuft hin und zerstampft sie unter den Sohlen. Das Spektakel ist peinlich und beängstigend. Seine Wut verwandelt ihn zur Bestie: den Tanz auf den Resten des Kassettenrekorders begleitet er mit furiosem Gebrüll. Seine Augen wachsen aus ihren Höhlen heraus.

Wieder versucht der Italiener, mir Einblick zu gewähren: „Er schreit, daß er den Zoll nicht bezahlen werde, er habe zuviel ertragen müssen, um das Geld für den Kassettenrekorder zusammenzusparen und sei nicht bereit, ihn ein zweites Mal zu bezahlen. Er meint: »eher verzichte ich auf ihn, aber euch Schweinen, überlasse ich ihn nicht!«"

Zwei Soldaten mit Maschinenpistolen treten auf. Sie haben es nicht eilig, bleiben vor dem Mann stehen, schauen ihn schweigend, beharrlich an. Der Mann erblickt sie und wird . . . still. Noch schlägt er mit dem Fuß ein letztes Mal nach einem Bestandteil, dann lehnt er sich erschöpft an die Wand. Und schweigt. Sein Atem geht schwer. Die beiden Grenzer ziehen sich zurück, doch sie verlassen den Saal nicht, bleiben da und beobachten den Widersacher.

Meine Aufmerksamkeit richtet sich nun auf einen anderen, sonnengebräunten Mann. Auf dem Tisch vor ihm liegen drei Stangen mit Kent-Zigaretten. Er spricht eifrig auf den Uniformierten jenseits des Tisches ein. Plötzlich erwischt er eine der Zigarettenstangen, reißt den Deckel ab und bietet dem Zöllner zwei Päckchen an. Dieser nimmt die beiden Zigarettenpackungen und steckt sie seelenruhig in die Tasche, schüttelt dabei jedoch verneinend den Kopf. Der Mann holt nun auch die übrigen Päckchen heraus, langsam, stur, und zerstampft sie in seiner riesigen Pranke, als würde er ein Ritual vollziehen. Der Tabak fließt zwischen seinen behaarten, knochigen Fingern auf den Tisch. Er gibt keinen Laut von sich, seine zerstörerische Tätigkeit hat Methode. Die Leute um ihn schreien herum, als würden sie den Zöllner beschimpfen. Mein Italiener seufzt: „Wie lange wird dieser Rummel noch dauern? Nicht einmal gegen Mitternacht werden wir hier fertig!"

Langsam kommt er ins erzählen. Das Land kenne er schon, sei öfters hier gewesen, er reise in Konfektionen. Er hat vieles gesehen und kann unglaubliche Dinge berichten: Arbeiter, die sich aufgrund eines Vertrages ihres (staatlichen) Unternehmens ins Ausland verpflichten, erfreuen sich keiner Zollerleichterungen, obwohl der Staat den größten Teil des Lohnes für ihre Arbeit kassiert. In Libyen beispielsweise haben sie den Status eines Einwandererarbeiters (vergleichbar mit dem „Gastarbeiter", der noch keine Arbeitsberechtigung hat – d.Ü.): kein Gesetz und keine Autorität, niemand schützt sie. So sind sie ständig der Gefahr ausgesetzt, eines Jeglichen beschuldigt zu werden, können bedrängt, beschimpft, gar ermordet werden, ohne daß sie irgendjemand verteidigt, aus ihrer Lage erlöst! Bei der Rückkehr in ihre Heimat zwingt man sie, übertriebene Zollgebühren zu zahlen – für Sachen, die sie sich in den zwei Jahren echter Zwangsarbeit angeschafft haben. Mehr noch: Bei bestimmten Waren (elektronischen Geräten, Kfz-Bestandteilen, Pelzen, Goldgegenständen) müssen sie den Zoll in Devisen bezahlen, wobei die Gebühren dem Einkaufspreis entsprechen! Auf diese Weise erhöht der Staat seinen Anteil am Lohn eines Arbeiters auf bis zu 90 % der eigentlichen Einnahme! Ein bezeichnendes Detail dazu: Bei Gegenständen, von denen mehrere Exemplare eingekauft und mitgebracht wurden, hat der Zöllner das Recht, die Anzahl von Gegenständen, die den persönlichen Bedarf übersteigen, zu beschlagnahmen. Wenn beispielsweise ein Arbeiter drei Armbanduhren mitbringt, so werden zwei davon vom Zoll zurückbehalten. Das hat dann auch zur Folge, daß die Leute protestieren, sich benachteiligt fühlen. Andererseits ändern sich die (Zoll-)Bestimmungen von einem Tag zum anderen, und immer zum Nachteil des Arbeiters. Wobei festzuhalten ist, daß die mitgebrachten Güter aus ihrem Lohn erstanden wurden und es jedem klar ist, daß er eigentlich niemandem Rechenschaft schuldet, weil er alles ehrlich erarbeitet und erspart hat – für sich, seine Familie und seine Freunde!

Die Erläuterungen und Kommentare des Italieners verhelfen mir jedoch nicht dazu, die Zollkontrolle früher zu überstehen. Ich spüre, wie ich immer gereizter werde, wenn ich dem Zöllner zusehe, wie er mit akribischer Präzision Bikinis und Rexona-Deos zusammenzählt.

Plötzlich schallt es aus den Lautsprechern: ,,Die Maschine aus Moskau ist soeben gelandet". Mein Italiener wird munter, sein Gesicht heitert sich auf: ,,Das ist unsere Chance! In solchen Fällen wird in der Regel ein Zöllner für die neuen Passagiere freigestellt. Versuchen wir, uns diesen anzuschließen!"

Nach einiger Zeit erscheinen auch die Moskauer Fluggäste, dann die neuen Gepäckstücke. Ich atme erleichtert auf: normales Gepäck, normale Koffer, Ausnahmen bilden nur einige Schachteln mit Staubsaugern (die hier sehr hoch im Kurs zu sein scheinen), kein Ballen, keine Kiste! Auch die Neuankömmlinge sehen anders aus: Maßanzüge, Schlipse, frisch rasierte Gesichter.

Das Chaos im Zollraum scheint sie ebenfalls zu befremden. Der eine beeindruckt mich durch seine Erscheinung. Er zeigt eine gewisse Zurückhaltung, blickt distanziert und irgendwie angeekelt um sich. Er scheint auf etwas oder auf jemanden zu warten. Bald erscheint ein Mann, der den irgendwie dünkelhaften Typen untertänigst begrüßt. Dieser gibt ihm einige Hinweise, worauf der junge Mann verschwindet.

Vor einem etwas abseits stehenden Zöllnertisch baut sich tatsächlich eine neue Schlange auf. Ein Zöllner pflanzt sich dort auf und kündigt in einem unmöglichen Englisch an: ,,Die Moskauer Fluggäste – hierher!"

Mein Italiener erwischt mich an der Hand und zieht mich sofort zur neuen Schlange hin, wo ich plötzlich neben, eigentlich einen Schritt vor dem dünkelhaften Typen zu stehen komme. Die Zollkontrolle beginnt, sie ist viel oberflächlicher als am Nebentisch. Der salbungsvolle junge Mann kehrt zurück und führt ein neues Gespräch mit meinem Nachbarn, der offensichtlich sein Chef ist und dem er als Sekretär oder jedenfalls Untergebener dient. Ein Gepäckträger erscheint mit einem Wägelchen, auf dem sich einige faltbare Fahrräder häufen, so viele, daß sie schon wie eine Warenladung wirken. Die Fahrräder sind weiß, mit glitzerndem Beiwerk. Unwillkürlich zähle ich sie: es sind fünf an der Zahl. Der Italiener flüstert mir zu: ,,Ich bin neugierig, wieviel der zu zahlen haben wird!"

Mir ist dies eigentlich gleichgültig. Mein sehnlichster Wunsch ist, diesen Alptraum zu überstehen. Plötzlich spricht mich der Sekretär russisch an. Dann versucht er englisch. Er spricht fließend: ,,Der Herr Direktor wird von seinem Minister erwartet und bittet Sie, vor ihnen durch den Zoll gehen zu dürfen."

Auf mein Achselzucken hin tritt er vor, der Italiener grinst mich an und zwinkert mir zu. Der Direktor steht nun vor dem Zöllner, den der junge Sekretär mit seinem Redeschwall überflutet. Der Italiener übersetzt: ,,Der Zöllner will ein Fahrrad verzollen und die übrigen vier beschlagnahmen. Der Sekretär argumentiert, die Fahrräder seien für die Enkel seines Direktors (und der hat ihrer fünf)."

Zuguterletzt greift der Herr Direktor selbst ins Gespräch ein. Er spricht von oben herab, wie er es gewohnt ist. Mich macht dies alles noch neugieriger: ,,Was meint er?", frage ich den Italiener. ,,Daß er sich bei irgendeinem General beschweren wird, und droht damit, daß er noch von hier, vom Flughafen aus, anrufen würde. . ."

,,Vorhin war doch die Rede davon, daß er von seinem Minister erwartet wird. . ."

Der Italiener lacht:,, Jetzt hat er es nicht mehr eilig. Ohne die fünf Fahrräder will er nicht gehen. Meint, daß seine Enkelchen sehr unglücklich würden. . ."

Die Kontroverse scheint ergebnislos zu bleiben. Der Direktor zieht sich zurück, überläßt mich nun dem Zöllner und stellt sich neben das Wägelchen mit den strittigen Fahrrädern, während sein Sekretär zum Telefon eilt, um das Gespräch oder die Gespräche zu führen.

. . .Endlich kann ich mich aus dem überhitzten Saal mit dem anhaltenden Trubel der ,,Libyer" retten. Ich warte, daß mich ein Taxi in die Stadt fährt. Doch ist noch keines in Sicht. Die Luft hier draußen ist jedoch angenehm, der Abend bricht herein. Dann erblicke ich das Wägelchen mit den fünf Fahrrädern. Der Gepäckträger bleibt hinter einem schwarzen Auto stehen. Der Fahrer eilt herbei und öffnet den Gepäckraum. Auch der Direktor mit seinem Sekretär sind zugegen, um zu überwachen, daß Gepäckträger und Fahrer die fünf Fahrräder vorsichtig im Gepäckraum verstauen, ohne sie zu beschädigen oder zu zerkratzen. Danach steigt der Direktor in den Wagen ein, vorne neben den Fahrer. Der Sekretär nimmt hinten Platz. Der Italiener erscheint noch rechtzeitig, um den Abschluß der Szene mitzuerleben.

„Hat der seine Fahrräder behalten dürfen?“

„Selbstverständlich!“

„Alle fünf?“

„Ja. Aus purer Neugierde habe ich sie nochmals gezählt, als man sie im Gepäckraum verstaute. . .“

„Phantastisch!“ wundert sich amüsiert der Italiener.

Ich lade ihn ein, mit dem soeben ankommenden Taxi mitzufahren.

Das rote Knäuel

Um die Realitäten der gesellschaftlichen Beziehungen im „siegreichen Kommunismus" anschaulich darzustellen, eignet sich vielleicht am besten das Bild vom roten Knäuel mit Dutzenden wirr herumhängender Fäden, von dem man nicht weiß, wie man es packen sollte, um es zu entwirren oder aufzuwickeln.

Unternimmt man jedoch den Versuch, sich Durchblick zu verschaffen, sozusagen das rote Knäuel zu entwirren, so wird es wohl am naheliegendsten sein, es beim längsten und kräftigsten Faden zu erwischen, bei seinen vielgelobten „theoretischen Grundlagen", bei den eigenen Prinzipien und den damit verbundenen Ansprüchen. Zieht man nun an diesem Faden, so geht eine Zeitlang scheinbar alles gut, das Knäuel läßt sich aufwickeln. Die Prinzipien greifen harmonisch ineinander und die „theoretischen Grundlagen" scheinen tatsächlich das Fundament der Fakten und Realitäten zu bilden.

Nach einiger Zeit verknotet sich jedoch der Faden wieder und das Knäuel läßt sich nicht mehr reibungslos aufwickeln. Das Durcheinander von „Richtlinien", Beschlüssen, und Losungen, die den Alltag der „Parteipolitik" ausmachen, wirkt widersprüchlich und falsch, unanwendbar und ohne Bezug zum eigentlichen Geschehen. Selbstverständlich finden sich in solcher Lage ehrliche und wohlwollende Theoretiker, die sich dazu verleiten lassen, den Fehlern dieser Politik nachzuspüren, sich bemühen, sie zu enträtseln und zu interpretieren, ja es sogar wagen, Vorschläge, Verbesserungen und Lösungen anzubieten. Doch ebenso selbstverständlich bleiben diese im rein Theoretischen stecken, denn . . . das Leben geht weiter (nicht wahr?), das System ändert sich nicht, die „Prinzipien" bleiben unangetastet, die Wirklichkeit, von ihnen unberührt, unverändert. So gab es sie immer wieder, diese Theoretiker, einen Roger Garaudy oder Herbert Marcuse, die Hypothesen aufstellen und nach Lösungen suchen, ja zu ,,verbessern" versuchen. . . Doch ihr Bemühen scheint ewig im Bereich des Theoretischen bleiben zu müssen. Die von ihnen eingebrachten Gedanken werden zwar hie und da in Kreisen von Linksintellektuellen diskutiert, manche ihrer Bücher gar von einem breiteren Publikum gelesen – doch alles endet meistens auf dieser Ebene! Wir wollen richtig verstanden werden: Es geht uns nicht um jene antikommunistischen Theoretiker, um jene ,,Lakaien des Kapitalismus", die nach einem Dokumentationsbesuch im ,,kommunistischen Lager" (mit einem Fotoapparat um den Hals) mehr oder minder böswillige, mehr oder weniger ,,interpretierte" bzw. verfälschte Behauptungen und Bilder verbreiten. Diese lassen wir hier unberücksichtigt, denn ihre Studien und Beiträge beschränken sich – mit wenigen Ausnahmen – auf die praktischen, ,,offensichtlichen" Aspekte des kommunistischen Systems, die sie dann falsch auslegen bzw. gar nicht erläutern.

Bleiben wir daher bei den ernsten Denkern, die es grundsätzlich akzeptieren, daß der Kommunismus einen Schritt voran in der geschichtlichen Entwicklung darstellt, die aber zugleich auch einsichtig geworden sind, daß dieser Schritt voran sich eigentlich zu gering ausnimmt, und sich deshalb redlich bemühen, alle Hemmnisse aus dem Weg zu räumen, die die lückenlose Anwendung der Theorie verhindern. Bleiben wir bei diesen ehrbaren Menschen, dann müssen wir bald feststellen, daß sie sich auf die eine oder andere Art in eine peinliche Lage hineinmanövrieren: Alles was sie gedacht und geschrieben haben, was berufen sein sollte, aufgenommen und ins Leben umgesetzt zu werden, alle ihre Lösungsangebote, ihre rettenden Ideen, die von ihnen aufgestoßenen Tore in die Zukunft, die eröffneten Perspektiven – all dies ist längst vergessen! Nichts scheint das kommunistische ,,Establishment" irgendwie erschüttert zu haben, keine dieser Veröffentlichungen mit breitem Widerhall fand je Berücksichtigung, und die Ideen, die Gegenstand unzähliger theoretischer Debatten waren, wurden nie zum Objekt von Experimenten! Mehr noch: es dürfte bekannt sein, daß – beginnend mit Iosip Broz-Tito und Palmiro Togliatti, über Enrico Berlinguer bis zu Deng Xiao-Ping – der Kommunismus von innen her kritisiert wurde, und zwar von einflußreichen Menschen, die in der Lage schienen, ihn zu verbessern. Auch waren wir Zeugen eines frischen Windes im Innern des Systems selbst, von dem eine Art Impuls ausging, der von Dogmen absehen, ja diese umgehen wollte, veraltete Praktiken aus der Welt zu schaffen versuchte. Neue Begriffe tauchten auf, man sprach von „Antagonismen" und „Arbeiterselbstverwaltung", ja sogar von „Arbeiterdemokratie" – Begriffe, die jedem Nichteingeweihten lächerlich erscheinen, wenn er meint, daß dieses System doch auf der Grundlage und zur Durchsetzung solcher Begriffe entstanden sei. Denn in einer gesellschaftlichen Ordnung, in der vorausgesetzt wird, daß die Arbeiterklasse die Macht innehat, sollte es als selbstverständlich gelten, daß solche „neuen" Begriffsinhalte in der Praxis getestet werden. Allein schon die Tatsache, daß solche Begriffe „aufkamen", bestätigt doch, daß das System, in dem die Arbeiterklasse die führende Macht ist, keinesfalls so vollkommen ist, wie es anmutet, wenn man die marxistisch-leninistische Theorie studiert. Was jedoch noch bedenklicher erscheint, ist der Umstand, daß selbst solche Ideen, die innerhalb der kommunistischen Parteien, genauer gesagt – in den Köpfen der Führer von kommunistischen Parteien entwickelt worden sind, nach und nach aufgegeben wurden und werden, selbst, wenn man sie manchmal – wie in Jugoslawien – „ausprobiert" hatte. Sollten sie jedoch weiter existieren, so stellt man überrascht fest, daß sie ihres Gehaltes entleert wurden, daß sie (wie z.B. die „Arbeiterselbstverwaltung) heute eigentlich nichts mehr bedeuten!

. . . So erweist sich der Faden, den wir ausersehen haben, nämlich die kommunistische Theorie, um das besagte Knäuel zu entwirren und die Hintergründe des Systems voll und ganz begreiflich zu machen, als völlig falsch und unergiebig. Er verliert sich im allgemeinen Durcheinander, das geschaffen wird einerseits von der Unmöglichkeit, die erhabenen Prinzipien in der Alltagspraxis wiederzufinden, und andererseits von der theoretisch viel bedenklicheren Tatsache, daß neben den großzügigen Ideen der Klassiker der kommunistischen Theorie Marx und Engels auch „neue“ Theorien aufgekommen sind (man denke nur an die „marxistisch-leninistische Lehre“ – die Betonung liegt auf „leninistisch“!), die alles, was die Väter des Kommunismus gedacht und gewünscht haben, wesentlich verändern und die Konfusion zur Vollkommenheit führen! Die Erklärung ist im Grunde einfach: Die „Väter“ hatten den Kommunismus als eine historische Lösung, als Ausweg aus der Sackgasse angeboten, in der die Menschheit durch das kapitalistische System gelangt war. Sie, die „Väter“, hatten den Weg gewiesen. Es war die Aufgabe der Nachkommen, die Revolution herbeizuführen und den Kommunismus im größten Land der Welt zu errichten, also die praktischen Lösungen zu finden, den realen Kommunismus – wie es heißt – „aufzubauen“! Und so formulierten Lenin (und vor allem Stalin) neue Prinzipien, die noch immer gelten und sich bis heute – auch nach 70 Jahren praktischer Anwendung – nicht verändert haben. Mit anderen Worten, sie haben ihre Lebensfähigkeit und Richtigkeit erwiesen! Und dabei spielt es überhaupt keine Rolle, daß manche dieser Prinzipien sich gegenseitig Lügen strafen und ihre „Umsetzung ins Leben“ so völlig anders ausgefallen ist, als hätte sie nichts mit ihnen zu tun. So erweist sich der Kommunismus heute nicht mehr als etwas völlig Neues und Anderes im Vergleich zum Kapitalismus – doch all dies scheint ohne Bedeutung zu sein und schon gar nicht dem „Fortschreiten“ der neuen Ordnung im Wege zu stehen.

Untersuchen wir also dieses Knäuel von der rein theoretischen Seite, so scheint die Behauptung, die wir zu Beginn diese Kapitels geäußert haben, ihre Richtigkeit zu haben. Wir haben es in der Tat mit einem verworrenen Knäuel widersprüchlicher Prinzipien zu tun, die zwar auf die Realität des kommunistischen Systems meistens überhaupt nicht anwendbar sind, dennoch aber durch ein unergründliches Wunder ihre Existenz und Gültigkeit wahren. Und so gibt es ernste Leute – Soziologen, Wirtschafter, Historiker, namhafte Politiker, Leute mit rechts- oder linksorientierten Anschauungen, außerhalb und innerhalb des Systems – die ihre Kräfte sammeln, die Theorie studieren und sich um ihre Verbesserung bemühen, während diese – offensichtlich veraltet und überwunden – merkwürdigerweise jeder Veränderung widersteht.

Abhandlungen werden verfaßt, Auseinandersetzungen geführt, wissenschaftliche Tagungen veranstaltet, Beiträge publiziert, neue Ideen vorgelegt, Lösungen angeboten. Und dies alles seit mindestens 50 Jahren, bereits in der dritten oder vierten Generation, die alle inzwischen im kommunistischen System „still“ dahingelebt haben, und dabei versuchen mußten, das System wegzudenken oder – besser gesagt – sich der Theorie anzupassen bzw. von ihr abzusehen, weil sie mit dem Leben, das sie führen, so wenig zu tun hat.

So meinen wir denn, nach so vielen Prüfungen und Enttäuschungen, sei die Zeit gekommen, daß die neuen Theoretiker eines neuen Kommunismus – der besser, gerechter, „anders“ sein soll – sich endlich die Frage stellen: Wieso stieß alles, was wir gedacht und vorgeschlagen haben und immer noch ehrlich vorschlagen, was wir zur Verbesserung dieser Theorie, zu ihrer Annäherung an das Leben vorgelegt haben, wieso stießen alle unsere Ideen und Bemühungen wie blinde Fliegen gegen eine harte Glaswand und fielen – in ihrem Drang nach Freiheit und Licht – tot zu Füßen dieser marxistisch-leninistischen Theorie, die so unabänderlich und unverrückbar blieb?!

Zwei Deutungen, zwei Antwortmöglichkeiten bieten sich an:

1. Die marxistisch-leninistische Theorie, die Prinzipien des Kommunismus, die theoretischen Grundlagen der Herr-

schaft der Arbeiterklasse – sie alle sind zu einer solchen Vollkommenheit entwickelt worden, daß jede Verbesserung überflüssig und unerwünscht ist. Es besteht nur der Anschein, der „Marxismus-Leninismus“ sei verbesserbar, daß der Kommunismus im 20. Jahrhundert verändert und irgendwie verbessert werden sollte, daß es die Notwendigkeit eines „neuen Marxismus“ gäbe! Der Marxismus-Leninismus ist der Granitfelsen, auf dem sich die kommunistische Gesellschaft stützt, die offensichtlich entstanden ist, existiert und in alle Ewigkeit existieren wird!

2. Die marxistisch-leninistische Theorie, die Prinzipien des Kommunismus, die theoretischen Grundlagen der Herrschaft der Arbeiterklasse – all diese Ideen und Fragen, denen sich so viele erleuchtete Köpfe gewidmet haben, in der Hoffnung, daß durch Verbesserung der Theorie sich auch die Praxis zum besseren verändern könnte – nun, alle diese Vorgaben sind nicht das, was sie scheinen! Und dies würde bedeuten, daß es die Theorien und die Prinzipien, die man zu verbessern sucht, im Grunde gar nicht gibt!

Die Praktiker der „Arbeiter-Führung“, die kommunistischen Technokraten, lachen sich in den Bart, so oft sie vom Erscheinen einer weiteren „erneuernden“ Studie erfahren. Sie wissen sehr genau, daß eine solche Erneuerung, jede in ihr gefaßte neue Idee, für sie völlig belanglos ist. Und der Grund ist einfach: Die Theorie und die Prinzipien, die veraltet erscheinen, gibt es eigentlich nicht, so daß die Bemühungen lächerlich wirken, und sie, diese Praktiker und Technokraten, sie haben keine Zeit für Späße! Diese Leute, die über das Leben und die Geschicke der von ihnen unterjochten Völker entscheiden, haben nämlich ihre eigenen Theorien und Grundsätze. Ihr seid naive Intellektuelle und es ist besser, man überläßt euch eurem Wahn, ihr könntet die offizielle Theorie des Kommunismus ergründen, als daß man es euch ermöglicht, in die Geheimnisse des realen Kommunismus einzudringen!

So bleibt das rote Knäuel für euch weiterhin verworren und undurchdringlich, weil ihr euch darauf versteift, eine

Theorie nach allen Seiten zu wälzen, die eigentlich nichts anderes ist, als eine handvoll Losungen ohne jede Deckung, berufen, den Menschen außerhalb des ,,kommunistisch Lagers" die schillernde Illusion eines besseren Lebens vorzugaukeln und denen im kommunistischen Lager das Bild von einem Leben vorschweben zu lassen, das sich aufgrund von Gesetzmäßigkeiten stetig verbessern wird, bis eines Tages das heilige Ufer des vollendeten Kommunismus erreicht sein wird – man beachte die unübersehbare Ähnlichkeit mit dem christlichen Symbol des Paradieses!

. . . Nur die Wenigsten jener, die die offizielle Theorie des Kommunismus studiert haben, und das nur unter der Bedingung, daß sie genügend Jahre gleichberechtigt in einer kommunistischen Gesellschaft gelebt haben, sind zu folgendem Schluß gelangt: Es gibt zwei Reihen von Prinzipien, zwei Reihen von sozialen und ökonomischen ,,Entwicklungsgesetzen", zwei Reihen von Dogmen.

Die kommunistische Partei führt und handelt nach geheimen Gesetzen, die mit den ,,geheiligten" marxistischen Prinzipien nichts gemein haben. An diesem Faden wollen wir nun das scheinbar unentwirrbare rote Knäuel aufwickeln und alles, was sich selbst dem eingeweihten Betrachter darstellt als ein Durcheinander von Gesetzen, als ein Wirrwarr von Irrungen, als eine schlecht geführte Gesellschaft mit einer Wirtschaft in ständiger Krise, als eine Gesellschaft, die völlig ziellos von heute auf morgen in stetigem Rückschritt dahinlebt, – nun, dieses Chaos wird geordnet, übersichtlich werden, an Logik gewinnen und dann erkennbar sein!

Ein Manifest und seine Folgen

Das Erscheinen des „Manifestes der Kommunistischen Partei" im Februar 1848 setzte Millionen von Unterdrückten das wunderbare Bild einer Arbeiterklasse als absolute Herrscherin der Welt vor Augen. Seither, seit gut einem Jahrhundert, werden alle Hungrigen der Welt, alle diejenigen, die ihre materiellen Güter herstellen, alle „blue collars" – ganze Generationen von Arbeitern in Fabriken, Bergwerken und auf den Feldern, in der Wüste oder im ewigen Eis, werden Millionen und Abermillionen von Menschen von dieser außerordentlichen Möglichkeit, von diesem Trugbild, unwiderstehlich angezogen. Nun, diese Idee ist nicht nur großzügig – sie ist zunächst logisch und gerecht. Denn wer wollte sich am besten dafür eignen, die Völker zu führen, als die Völker selbst, sie, die alles schaffen, was die Gesellschaft braucht?

Die immer zahlreicheren Länder, in denen die Arbeiterklasse die Macht übernommen hat, bestätigen nur, daß dieser Wunschtraum realisierbar ist, daß diese Perspektive ins Leben umgesetzt werden kann und wird. Es stimmt zwar, daß Politiker und Theoretiker des Kapitalismus vielerlei Kritik an den kommunistischen Ländern üben, doch nicht alles, was sie behaupten, muß auch für bare Münze genommen werden, zieht man die Position in Betracht, von der aus sie unterzogen wird. Und selbst wenn manche Kritik gerechtfertigt scheinen sollte, kann dies – gemessen an der Großzügigkeit des Gedankens: „Die Macht in den Händen der Arbeiterklasse" – allenfalls ignoriert werden. . .

Versuchen wir jedoch, diesen Gedanken auf den Grund zu gehen, so stellen wir allzubald fest, daß nirgends und in keiner Weise ausgeführt wird, wie die Arbeiterklasse eigentlich „führt", der Mechanismus ihrer Macht wird nicht verdeutlicht. Die Frage ist, überspitzt formuliert, wenn diese Klasse die politische Macht übernimmt, die Geschicke der Gesellschaft führt – wer arbeitet dann in den Fabriken, in Bergwerken und Häfen, auf den Feldern? Die Zeit solcher Fragen, die noch nie beantwortet wurden, ist – zum Glück – vergangen. Die vielen kommunistischen Länder, die bereits ein Drittel unseres Erdballs einnehmen und rund die Hälfte seiner Bevölkerung ausmachen, diese Länder, in denen die Arbeiterklasse die führende Macht ist, haben nicht nur bewiesen, so heißt es, daß die Arbeiterklasse imstande ist, die bürgerliche Technokratie zu ersetzen, sondern auch vorgeführt, wie ihre Macht durch Vertreter ausgeübt wird. Hier kommt nun ein neuer Begriff zum Tragen – nämlich der Begriff „Vertreter", was suggerieren möchte, daß die Arbeiterklasse einen Teil ihrer Mitglieder periodisch delegiert oder bevollmächtigt, Hammer und Sichel abzulegen und sich bereitzustellen, um Gesetze zu machen und die Gesellschaft zu führen. So dürfte sich das Bild einer solchen Gesellschaft von außen darstellen – und, bei aller Naivität dieses Bildes, so lebt es in der Tat in den Hirnen und Herzen vieler Millionen von Menschen, die von der kapitalistischen Ausbeutung noch nicht „befreit" wurden. Wie sieht aber dieses Bild von innen aus, wenn man es aus „dem Lager" betrachtet, aus der Sicht der Arbeiterklasse selbst, die in den kommunistischen Ländern lebt, aus der Sicht der Arbeiterklasse also, die die Geschicke dieser Völker – wie es heißt – „tatsächlich führt"? Um eine konkrete Antwort zu liefern, müssen wir uns noch ein wenig gedulden und im Bereich des Theoretischen verweilen. Und da die Antwort *von einer Klasse* geliefert wird und nicht von einzelnen Individuen, die doch mehr oder weniger subjektiv eingestellt sind, müssen wir uns zunächst mit unserem Gesprächspartner vertraut machen, um zu erfahren, wer uns hier eigentlich Rede und Antwort stehen soll.

Schwierig wird es zunächst, weil der Angesprochene es verweigert, sich vorzustellen. In der Tat – seine Visitenkarte ist in keinem Buch aufzufinden, das von der marxistisch-leninistischen Lehre handelt. Nirgendwo ist auch nur eine Zeile über diese Arbeiterklasse zu finden!

Wir erfahren lediglich, daß sie die ,,führende Klasse der Gesellschaft" ist. Doch aus wem sie besteht, das steht nirgends. Eigentlich merkwürdig! Lassen Sie uns also dies selbst herausfiltern, indem wir von den Begriffsbestimmungen im Marxismus-Leninismus ausgehen. Versuchen wir also zunächst zu definieren, was eine gesellschaftliche Klasse ist, um sie nachher an der Führung der kommunistischen Gesellschaft auszumachen. Gesellschaftliche Klassen sind gemäß Lenins klassischer Definition:

- eine zahlenmäßige große Menschengruppe,
- die in einem geschichtlich bestimmten System der gesellschaftlichen Produktion alle denselben Platz einnehmen,
- im selben Verhältnis zu den Produktionsmitteln stehen,
- dieselbe Rolle in der gesellschaftlichen Organisation der Arbeit spielen,
- ihren Anteil am gesellschaftlichen Reichtum in derselben Weise erlangen
- und über dieselbe Menge dieses Reichtums verfügen.

Entspricht nun die führende Arbeiterklasse den aufgeführten Merkmalen?

Das erste Merkmal scheint durchaus nachweisbar. Die Arbeiterklasse der kommunistischen Länder besteht in der Tat aus zahlreichen Menschen und ihre erste Sorge ist, daß diese Gruppe möglichst viele Menschen umfaßt (was als gesellschaftlicher Zweck der Industrialisierung bezeichnet wird!).

Beim zweiten Merkmal tauchen bereits Schwierigkeiten auf. Es ist offensichtlich, und selbst die eingefleischten kommunistischen Theoretiker streiten es nicht ab, daß die *gesamte* Arbeiterklasse die Fabriken nicht verlassen kann, so daß die ,,Führung" durch ihre Vertreter, ihre Repräsentanten wahrgenommen werden muß. Nehmen nun diese ,,Vertreter" denselben Platz im System der gesellschaftlichen Produktion ein, wie die eigentlichen Arbeiter? Offenkundig nicht! Denn sie, die Vertreter, sind berufen, die Produktion zu organisieren und zu führen. Die anderen, die Arbeiter, sind dazu da, um zu produzieren. Hier ist ein erster Bruch beim Versuch einer Begriffsbestimmung der Kategorie „führende Arbeiterklasse". Nehmen wir jedoch an, daß der jeweilige Platz der „Vertreter" im Vergleich zum Rest der Klasse – zwar nicht deckungsgleich ist, doch angemessen nahe liegt, um so über diese Inkongruenz hinwegzusehen und unsere Analyse fortzuführen.

Stehen die Arbeiter im selben Verhältnis zu den Produktionsmitteln wie ihre Repräsentanten? Wirken diese Vertreter in der gesellschaftlichen Produktion unmittelbar mit? Handhaben sie Werkzeuge, Maschinen, Rechner? Gehen sie täglich in die Fabriken und arbeiten dort jeweils 6 bis 8 Stunden in einer Schicht? Sind sie unmittelbar an den landwirtschaftlichen Arbeiten auf den Feldern beteiligt? Es ist mit Sicherheit nicht nachzuweisen, daß die Vertreter der Arbeiterklasse im selben Verhältnis zu den Produktionsmitteln stehen wie der Rest der Klasse. Die „Vertreter" stehen also in einem völlig anderen Verhältnis zu den Produktionsmitteln, sie sind nämlich dazu da, die gesellschaftliche Organisation der Arbeit durchzuführen! Eine sehr wichtige Aufgabe – und sie ist das vierte Merkmal bei der Definition einer Klasse. Den Repräsentanten kommt also die Rolle zu, die Arbeit der gesamten Gesellschaft zu organisieren, eine Rolle, die von denjenigen aufgegeben wurde, welche die Vertreter dazu berufen haben sie zu spielen. Somit spielt die Arbeiterklasse als solche im Kommunismus keine Rolle bei der gesellschaftlichen Organisation der Arbeit! Oder anders gesagt, diese „Arbeit" überläßt sie ihren Vertretern. Was theoretisch den Merkmalen zwar entsprechen würde, doch das Problem im eigentlichen Sinne nicht zu lösen vermag. Es lassen sich also Zweifel anmelden, wenn von der „führenden Arbeiterklasse" die Rede ist.

Fünftens muß eine Klasse, um als Klasse gelten zu können, ihren Anteil am gesellschaftlichen Reichtum in der gleichen Weise erlangen. Auch hier ist es offensichtlich, daß die

„Vertreter", die Repräsentanten der Arbeiterklasse, nun zu „Weißkragen", zu Funktionären geworden sind und ihren Anteil am gesellschaftlichen Reichtum nicht in derselben Weise erlangen wie die Arbeiterklasse selbst.

Abschließend heißt es, alle Individuen einer Klasse sollten den gleichen Anteil am gesellschaftlichen Reichtum erwerben. Man werfe jedoch nur einen Blick auf die offiziellen Dokumente, auf Berichte und Pläne, die bei Kongressen der kommunistischen Parteien vorgelegt werden, die in den sogenannten sozialistischen Ländern herrschen, und man wird erkennen, daß das Verhältnis zwischen kleinen und großen Einkommen etwa 1:5 bzw. sogar 1:7 beträgt. Abgesehen davon, daß solche Berichte offiziell und daher kaum glaubwürdig sind, muß man jedenfalls zugeben, daß die Arbeiterklasse – selbst wenn sie an der Führung ist (eigentlich: „wäre" – d.Ü.) – nicht jedem ihrer Mitglieder den gleichen Anteil am gesellschaftlichen Reichtum zu sichern vermag.

An diesem Punkt unserer Argumentation können wir festhalten, daß in den kommunistischen Ländern nicht eine Klasse, nicht die Arbeiterklasse an der Führung ist und daß demnach das Bild, das den Unterdrückten seit 1848 vorschwebt, nicht verwirklicht wurde. Die kommunistischen Apologeten antworten auf solche „Spitzfindigkeiten", daß die Vertreter der Arbeiterklasse im Einklang mit den Interessen der Arbeiterklasse handeln und daß also eigentlich die *Arbeiterklasse* führt.

Führen wir uns noch einmal das Geschehen auf dem Flughafen vor Augen: die fünf Fahrräder des „Vertreters" und den zerstampften Kassettenrekorder des „Restes" der „führenden" Klasse. . .

Und dann sind wir nolens-volens schon bei der Praxis angelangt, bei dem Kriterium also, das die Theorie bestätigt, oder auch nicht.

Wir haben festgehalten, daß die Behauptung, die Arbeiterklasse sei die führende Klasse in der kommunistischen Gesellschaft, schon rein theoretisch falsch ist. Die Praxis der kommunistischen Gesellschaft zwang uns, die Kategorie ,,Vertreter" oder ,,Repräsentant" immer wieder zur Diskussion zu stellen, um zu erkennen, daß in Wirklichkeit diese allein die Gesellschaft führt. Es ist also Zeit, der Frage auf den Grund zu gehen, wer diese Vertreter eigentlich sind, denn sind sie in der Tat Vertreter der Arbeiterklasse und wirkten sie nur in ihrem Namen und in ihrem Interesse, dann würde diese wichtige Tatsache allein schon ausreichen, um unsere theoretische Ableitung in Schatten zu stellen und den Schluß, zu dem wir gelangt sind, zu widerlegen.

Leider können wir uns bei der Analyse des Begriffes ,,Vertreter" der Arbeiterklasse nur auf praktische Angaben stützen. Leider, oder: besser gesagt: zum Glück! Gehen wir also vom Begriff aus. Ganz allgemein gefaßt, ist der Vertreter, der Repräsentant einer Gemeinschaft, einer ethnischen, religiösen, politischen oder gesellschaftlichen Gruppe, eine jener Gruppe bekannte Person, die delegiert wurde, die Interessen und Wünsche der Gruppe gegenüber dem Rest der Gesellschaft oder gegenüber einer ihrer Instanzen zu vertreten. Dieser Delegierte, oder Abgeordnete, wird von seiner Gruppe gewählt, was voraussetzt, daß er auch abberufen werden kann, wenn er sein Mandat nicht gemäß den Wünschen der Gruppe ausübt. Mehr noch: im Falle einer gesellschaftlichen Klasse, die an die Führung einer Gesellschaft gelangt ist, sollte dieser Vertreter nach bestimmten Zeitabschnitten auswechselbar sein, damit die ganze Gruppe ihre Führungsbefugnisse unmittelbar wahrnehmen kann. Entspricht nun diese Vorstellung der Vorgehensweise von Vertretern der Arbeiterklasse, wenn sie an die Macht gelangt sind? Wählt die Arbeiterklasse ihre Vertreter? Und müssen sich die Vertreter regelmäßig zur Wiederwahl stellen, mit dem Risiko, nicht wiedergewählt zu werden?

Scheinbar ja, in Wirklichkeit jedoch nicht. In der Praxis bilden die Vertreter der Arbeiterklasse ihrerseits eine Gruppe, die durch Gewaltanwendung (Revolution) an die Macht gelangt ist und die, einmal an der Macht, in kurzer Zeit eine geschlossene Gruppe elitären Typs geworden ist. Dies klingt merkwürdig, ist es aber keinesfalls! Denn diese Gruppe löst sich *bewußt* von ihrer Klasse und beginnt sie – hinter wohlausgetüftelten Losungen – *auszubeuten*!

Das Aufnahmekriterium in diese Gruppe war ursprünglich die proletarische Herkunft. Später bezog sich das Kriterium nur auf die Herkunft des „Anwärters" – im Rahmen der bereits konstituierten Gruppe. Denn die „Gruppe der Vertreter" widersetzt sich jeder zahlenmäßigen Vergrößerung, akzeptiert sie nur als Ausnahme von der eisernen Regel. So erhalten die Söhne der ersten Gruppenangehörigen verschiedene untergeordnete Positionen innerhalb des Systems und erklimmen danach die hierarchische Leiter aufgrund ihrer systemspezifischen Eigenschaften. Diesen folgen dann die Enkel, die Urenkel und so fort. . . Alle diese Positionen sind jedoch anfangs keine Führungspositionen, denn kein Neuankömmling (z.B. durch Heirat mit der Tochter eines Gruppenangehörigen, also als Eindringling von außen her) wird automatisch Zugang zu einer solchen Position finden. Es stimmt, die Gruppe veranstaltet regelmäßig, in Abständen von vier bis fünf Jahren, Wahlen. Diese Wahlen betreffen jedoch nur administrative, verwaltungstechnische Positionen (wie z.B. Marionettenrollen in einem Parlament, das in einem totalitären System berufen ist, einen Hauch von Demokratie vorzutäuschen). Die Gruppe „an sich" unterzieht sich nie irgendwelchen „Wahlen" – die Arbeiterklasse hat keinerlei Möglichkeit ihre Zusammensetzung zu verändern! Der zahlenmäßig beschränkte Charakter der „Gruppe der Vertreter" wird vor allem durch die ökonomische Notwendigkeit bestimmt, daß sich die Gruppe einen möglichst großen Anteil des gesellschaftlichen Reichtums sichert. Würde die Gruppe zahlenmäßig Zuwachs erhalten, so hieße dies, den Anteil eines jeden Gruppenangehörigen zu schmälern.

Die Gruppe ist sich ihrer Zerbrechlichkeit bewußt, sie weiß, daß sie über keine gesellschaftliche Basis verfügt, daher organisiert sie sich und die ganze Gesellschaft so, daß ihre Existenz in keiner Weise bedroht werden kann. Ihre beständig ,,egozentrische" Tendenz hat zunächst eine politische Motivation. Die Gefahr, daß durch Neuaufnahmen die Zahl derjenigen, die an Entscheidungen beteiligt sind, über ein bestimmtes Maß hinauswachsen könnte, die Gefahr ferner, daß manche der neuen von den heiligen Dogmen abweichen könnten, diese verändern würden und aufgrund ihrer Position das Antlitz des Kommunismus selbst verändern wollten – dieses unheimliche Risiko muß vermieden werden, es muß ihm vorgebeugt werden. Die Gruppe bleibt undurchdringlich, schweißt sich durch familiäre Verknüpfungen und gegenseitige Interessen eng zusammen und wird in kurzer Zeit eine *geschlossene Gesellschaft*. Sie bildet die Führung, die *Parteispitze*, die sich nur sehr schwer erneuert, in den meisten Fällen erst durch den Tod eines ihrer Mitglieder. Den Rest der ,,herrschenden Klasse" bilden die ausführenden Organe, die sogenannten ,,Apparatschiki". Man braucht nur die Zusammensetzung der Zentralkommitees, der Politbüros (diese Spitze des Gipfels) der an der Macht befindlichen kommunistischen Parteien zu untersuchen, um festzustellen, daß die Mitglieder der genannten Gremien seit sehr langer Zeit, oft seit Jahrzehnten, ihre Positionen innehaben und daß die meisten bereits das Greisenalter überschritten haben. Was die Chefs dieser Parteien betrifft, (mit Ausnahme der kurzen, bewegten Zeit nach dem Tode Stalins und mit Ausnahme des ,,ständigen Dissidenten" Polen!) – diese werden ,,auf Lebzeiten" gewählt und verlassen ihren Posten erst durch ihren Tod. Die meisten von ihnen ,,bereiten" sich ihre Nachfolger selbst vor, wählen sie unter ihren Familienmitgliedern oder unter ihnen nahestehenden Personen, denen sie voll vertrauen können, aus. Diese müssen jedoch der Gruppe angehören und können nicht von außen herangezogen werden.

Dieses Merkmal von ,,geschlossener", fast möchte man sagen ,,feudaler" Gruppe, die sich vom Rest der Gesellschaft insbesondere durch ihren hohen, gerade durch das Volk gesicherten Lebensstand abhebt, zwingt die Gruppe zunächst sich eine totale Macht, ihre uneingeschränkte Herrschaft zu sichern. Die Geschichte hat die Gruppe gelehrt, daß sich ihre Feinde überall befinden – außerhalb ihrer Landesgrenzen, aber auch – und vor allem – im Innern. Aus diesem Grunde organisiert sich die Gruppe zuallererst ein Kommando, das sie „Partei" nennt. Die Partei erhält die Aufgabe, die führende Macht zu sein, die auf jeder Ebene der Gesellschaft gegenwärtig ist. Ihre wichtigste Aufgabe ist es, dafür zu sorgen, daß alle Befehle der Gruppe genauestens durchgeführt werden. Mit anderen Worten: Die Gruppe der Vertreter ist mit der Partei nicht deckungsgleich, die Partei ist zahlenmäßig viel größer und besteht aus gruppentreuen Mitgliedern.

Zweitens organisiert sich die „Gruppe der Vertreter" der Arbeiterklasse eine Schlagkraft, die Armee, die sehr gründlich aufgebaut wird. Diese besteht aus drei Teilen: Aus der Informationsabteilung (Spionage nach innen und nach außen) mit dem sowjetischen KGB als historischem Vorbild; der eigentlichen militärischen Abteilung – mit der Aufgabe, die Gruppe gegen Feinde von außen aber auch von innen zu schützen, und schließlich der Polizei – deren Rolle es ist, Ordnung und soziale Disziplin zu gewährleisten.

Zu betonen ist, daß die auf diese Weise organisierte Armee zunächst und ausschließlich den Interessen der „Vertreter" dient. Nur untergeordnet, und um ihre Grundaufgaben zu ergänzen, dient sie auch der Gesellschaft. Als vorrangige Stützmacht der Gruppe erfreut sich die Armee eines höheren Lebensstandards als der Rest der Gesellschaft, eines Lebensstandards, der sich jenem nähert, den sich die Gruppe für sich selbst vorbehält.

Doch die Gruppe begnügt sich mit dieser alleinigen Stütze nicht. Sie ist sich dessen bewußt, daß der Rest der Gesellschaft (einschließlich der Arbeiterklasse, aus der die Gruppe hervorging) für sie arbeitet und sich ihrerseits dieser Tatsache bewußt ist! Die Gesellschaft kann jedoch keinen Anspruch auf einen besseren Lebensstand haben, weil die Gruppe sich dann einschränken, ihre „Bedürfnisse" reduzieren müßte. Diese Gesellschaft ist in der Folge potentiell unzufrieden und muß dazu „erzogen“ werden, daß sie *keine größeren Ansprüche stellen kann!* Sie muß also davon überzeugt werden, daß es einen höheren Sinn gibt, wenn sie auf ihrem niederen Lebensstand verbleiben muß. Auf tausenden Sitzungen wiederholen die Parteifunktionäre unaufhörlich und unermüdlich die Gründe, warum die Gesellschaft (in erster Reihe die Arbeiterklasse) auf so viele lebensnotwendige Dinge eines normalen Alltags verzichten muß. Aufgeführt werden gleichzeitig: die Gefahr des aggressiven Imperialismus, die Notwendigkeit, das höchste Ziel, den Kommunismus, zu erreichen (wofür ständige Opfer gefordert sind), die Hebung des Lebensstandards (welche Ironie!), die hauptsächlichen wirtschaftlichen Ziele, für deren Realisierung ebenfalls Opfer gefordert sind, konjunkturelle Umstände (Energiekrise, Dürre usw.). Darüber hinaus und als wichtigstes Argument wird die „marxistisch-leninistische Lehre“ angeführt, jenes Paket von Prinzipien und Losungen, mit denen das Individuum in regelmäßigen Abständen gefüttert wird, beginnend mit seinem Eintritt in den Kindergarten und abschließend mit dem Arbeitsplatz, an dem er sein Leben beschließt.

Doch diese ständige Verdummung der Menschen geschieht nicht nur in den Sitzungen. Ihr dienen alle üblichen Massenmedien: Presse, Fernsehen, Kino, schöngeistige Literatur, Theater, Rundfunk. Alle diese „Kanäle“ werden von einem Mitglied der Gruppe unmittelbar kontrolliert (er hat zu diesem Zweck einen spezialisierten Apparat) und erfüllen die Aufgabe der Volksverdummung ohne Unterlaß, ohne Abweichung.

Die Gruppe der Vertreter hat jedoch auch andere Mittel gefunden, um die Gesellschaft, die sie beherrscht, unmittelbar und ständig zu kontrollieren.

Die Individuen dieser Gesellschaft sind in voneinander unterscheidbaren Gruppen organisiert, sowohl auf der Waagerechten als auch auf der Senkrechten. So hat jedes Unternehmen, jede Institution, landwirtschaftliche Einheit, Schule, Universität, Militäreinheit ihre eigene innere Organisation, durch die die betreffende Gemeinschaft von der Partei kontrolliert und geführt werden kann. Selbst die Verteilung auf Abteilungen, Büros, Räume – alles ist so aufgebaut, daß das betreffende Kollektiv sich unter der Überwachung von mindestens einem Parteimitglied befindet. Auf der Ebene des Unternehmens, der Einheit, des zuständigen Ministeriums befindet sich das ,,Dossier" (lies: Personalakte, d.Ü.) eines jeden einzelnen, in dem sämtliche Angaben über seine Vergangenheit und seine Gegenwart aufgeführt werden. Dasselbe geschieht auch auf territorialer Ebene (d.h. auf der Horizontalen), wo die zuständigen Parteikomitees (der Städte, Gemeinden usw.) eine zusätzliche Kontrolle in den Unternehmen, Institutionen, Organisationen und Kollektiven ausüben, um so auch die wenigen Bürger im Blick zu haben, die nicht im ,,Arbeitsfeld" eingeordnet sind (auf die Zusammensetzung der kommunistischen Gesellschaft werden wir noch zurückkommen).

Die Überwachung will möglichst total sein. So hat sich beispielsweise in großen städtischen Ballungsgebieten (aber auch in kleineren Siedlungen) das System der Block-Wohnungen sehr schnell verbreitet. Dieses System bietet nicht nur wirtschaftlichen Nutzen, die Vorteile sind auch politischer Natur: Es schafft die theoretische, aber auch praktische Möglichkeit, das Leben derjenigen, die in solchen Kasernenwohnungen leben, ständig zu überwachen, ständig zu kontrollieren. Stellen Sie sich einmal vor, daß die Arbeiter irgendeines Werkes für drei Tage in Streik treten würden. In den von ihnen bewohnten Stadtvierteln könnte die Versorgung mit elektrischem Strom, mit Heizmitteln und Wasser, der Kaufläden usw. sofort eingestellt werden. . . Hinzu kommt, daß es in diesen Wohnblocks keine Schalldämpfung gibt. Jedes Gespräch, jede Zusammenkunft würde sehr bald entdeckt werden (innerhalb des Unternehmens würde dies sogar viel schneller geschehen!). Darüber hinaus gibt es auch noch Abhöreinrichtungen, die in den Wohnungen von Verdächtigen untergebracht werden sowie ein ganzes Arsenal von weiteren Mitteln, die von der Partei sorgfältig gefördert werden: Korruption, Denunziation und Erpressung.

Vorrangig ist jedoch, daß selbst die Vertreter der Arbeiterklasse, die sich an der Führung befinden, diesbezüglich keine Ausnahme bilden, sich in derselben Situation befinden, wie die Klasse, gegen die sie alle diese Überwachungs- und Kontrollmittel einsetzen, die sie nie als eine ,,sichere" Stütze betrachten, obwohl es die Klasse ist, die sie vertreten, die sie gewählt hat.

Das System ist in der Sowjetunion zur Vollkommenheit entwickelt worden und nach seinem Modell wurden auch die Systeme der übrigen ,,sozialistischen" Länder geschaffen. Michail Woslessenski beschreibt es folgenderweise: ,,Dieses System gründet zu 100 % auf dem Besitz des Monopols an Macht und der praktischen Kontrolle über jedes Produktionsmittel". (Und wer besitzt dieses Monopol? Die Gruppe der Vertreter!). ,,Der eigentliche Zweck der Zentralisierung ist nicht so sehr die Befriedigung der wirtschaftlichen Bedürfnisse auf nationaler Ebene, die Sicherung des Wohlstandes der Bürger, als vielmehr die Verewigung des Kontrollnetzes, vor allem durch Aufrechterhaltung des Militär- und Sicherheitsapparates, der die Elite und ihre Intentionen schützt!" Woslessenski ist übrigens derjenige, der auch einen originellen Terminus für diese Elite ,,erfunden" hat (in unserer Lesart: die ,,Gruppe der Vertreter"), die er als ,,Nomenklatura" benannt hat, in dem er von einem Detail verwaltungstechnischer Natur ausgegangen ist: Die Gruppe der Vertreter wird in einer ,,Nomenklatur" einem (Verzeichnis – d.Ü.) des Zentralkommitees der Partei aufgeführt. So könnten wir auf die Frage nach seiner Rolle bei der Führung der Gesellschaft, die wir einem Arbeiter aus einem kommunistischen Land stellen würden (in der Annahme,er sei ein repräsentatives Mitglied seiner Klasse) – nur eine enttäuschende, negative Antwort erhalten. Diese Antwort würde die tatsächliche Wirklichkeit darstellen, die Wahrheit über die Führung der Geschicke der ganzen Gesellschaft durch die Arbeiterklasse!

Wir behaupteten zu Beginn unserer Untersuchung, daß durch die Aufdeckung der wahren Gesetze des Kommunismus das Chaos, das als offensichtlichstes Merkmal des kommunistischen Systems erscheint, sich ordnen wird, die Gegensätze verschwinden werden, die unbegreiflichen Irrtümer sich als scheinbar erweisen werden.

In dem wir verdeutlichen, worin eigentlich die „Herrschaft der Arbeiterklasse" besteht und in welchem Maße sie tatsächlich die Geschicke der Gesellschaft führt, machen wir einen ersten Schritt in diese Richtung. Wir sind nun auch in der Lage eines der größten Geheimnisse der Geschichte des Kommunismus aufzudecken, einen anscheinend unfaßbaren Irrtum, einen wesentlichen politischen Widerspruch, den diejenigen, die ihn gekannt haben oder die davon gehört haben, nur durch den Hinweis auf eine außerpolitische Motivation erklären konnten (durch den blutrünstigen Charakter desjenigen, der die Tat vollbracht hat).

Stalin befahl nämlich 1937, nachdem er auf dem Wege verschiedener gerichtlicher Inszenierungen die hauptsächlichen Gegner in der Parteispitze (Kamenjew, Sinowjew, Bucharin) beseitigt hatte, auch noch die *Liquidierung des gesamten Führungsapparates der Partei!* So folgten ihren Millionen von Opfern diejenigen, die den Sieg der Revolution herbeigeführt hatten, die das Bojarentum, das Bürgertum, die Sozialdemokraten, die Kulaken (die sog. Großbauern – d.Ü.), die Revisionisten, die Intellektuellen – eigentlich alle realen und vermeintlichen Gegner der Revolution beseitigt hatten. Mitglieder der Partei, die in die höchsten Positionen der Parteihierarchie gelangt waren, wurden ihrerseits auf dem Altar des siegreichen Kommunismus geopfert! Die Tat ist scheinbar unerklärlich, wenn man in Betracht zieht, daß es bereits seit 20 Jahren die sowjetische Macht gab, daß diese konsolidiert war und das Land anscheinend einem Zeitalter des Wohlstandes zugeführt werden sollte.

Der Schlag traf wie ein Blitz alle Strukturen des kommunistischen Apparates: Die Parteiführer, die Verwaltungsspitzen, das zentrale Militärkommando und selbst das Kommando des NKWD (des Urahnen des KGB). Führer der Partei aus den Regionen und deren Verwaltungsspitzen, ihr zentraler Apparat, prominente Mitglieder der Partei aus dem ganzen Lande – alle wurden eingekerkert, viele „verschwanden“ auf immer. Der Grund? Man kennt keinen, keiner wurde angegeben. Kein Mensch, keiner dieser „Leader“ erhielt je eine Erklärung, keiner wurde offiziell irgendeines Verbrechens angeklagt oder öffentlich vor Gericht gestellt! Die Existenz eines perfekten Exekutionsapparates, der den Befehlen blind gehorchte (des NKWD), ermöglichte die problemlose Durchführung dieser „Operation“.

Heute kennt man nur das Grundkriterium der Auswahl jener, die in den Kerker geworfen wurden: es waren alles Parteimitglieder, die *vor 1924* beigetreten sind. Verblüffend und unverständlich! Aus politischer Sicht völlig unerklärlich!

Und trotzdem, heute können wir auch diese „irre“ Tat Stalins logisch ableiten! Er war weder ein Paranoiker, noch hatte er damals irgendwie Angst vor irgendjemandem, schon gar nicht vor seinen ehemaligen Genossen aus den ersten Jahren der Revolution. Stalin spürte jedoch instinktiv, daß die Gruppe der Vertreter (diese „sui generis“ Benennung gehört uns) sich übermäßig aufgebläht hatte! Sein politisches Genie wies ihn darauf hin, daß die weitere Aufblähung dieser Gruppe die Gefahr in sich birgt, daß Persönlichkeiten auftreten, die durch ihre Position die Gesetze der Partei verändern könnten, zu einer „Veränderung“ des von ihm erdachten und geschaffenen Kommunismus führen könnten! Der Zugang zur Macht sollte eingeschränkt, die Gruppe reduziert werden! Stalin ging davon aus, daß keiner der Vertreter der Gruppe diese aus eigenem Willen verlassen würde. Und so griff er zu der Methode, die während zweier Jahrzehnte mit gutem Erfolg erprobt wurde: Die Deportation, die Einkerkerung und die Internierung in Lager aller derjenigen, die in diesen zwanzig Jahren die größte Macht erworben hatten, und zwar der ältesten Mitglieder der Partei. Das war keine spontane Aktion, keine Laune, kein Wutanfall. Im Gegenteil, es gibt Hinweise und Informationen, daß die Aktion von langer Hand vorbereitet wurde. Schon ein Jahr vorher und zum ersten Male in der Geschichte Sowjetrußlands wurden *alle* Gefängnisse und Transithaftanstalten renoviert und desinfiziert. Wir sind der Ansicht, daß im Kommunismus nichts zufällig geschieht.

Und so erscheint uns heute das, was noch nie erklärt werden konnte, was der Blutrünstigkeit des großen Führers zugeschrieben wurde (eine übrigens unzulängliche Erklärung im gegebenen historischen Kontext), als eine politische Notwendigkeit, die Stalin verstanden und durchgesetzt hat. Daher können wir nun behaupten, daß es Stalin war, der das eiserne Gesetz dieser geschlossenen Gruppe begründet hat, derjenige, der zum ersten Male zwischen denjenigen, die führen, und dem Rest der Arbeiterklasse unterschieden hat. Ausgehend von diesem Ereignis hat er als erster die geheimen Gesetze der Partei aufgezeichnet und angewendet, die Gesetze der Herrschaft einer Elite, die nach präzisen und unabänderlichen Kriterien gebildet wird. Der Rest der „revolutionären" marxistisch-leninistischen Theorie blieb erhalten, gültig für jene vielen, die in der Illusion gewiegt werden sollten, daß die Arbeiterklasse selbst an der Macht ist, daß ihre Vertreter nur in ihrem Interesse handeln, daß die Arbeiter Herren ihrer Geschicke und des ganzen Volkes sind.

Die gründliche Analyse der Theorie, ihrer Beziehung zur Praxis, führte uns zu einem realistischen Bild des Kommunismus, hat seinen wichtigsten Mythos, den Mythos einer Arbeiterklasse als Führer der Gesellschaft, in ein wahrheitsgerechteres Licht gestellt. Um unsere Analyse zu Ende zu führen, werden wir absichtlich das Gegenstück dieses Mythos übernehmen, und zwar die Behauptung, daß die Arbeiterklasse, an die Macht gelangt, bei der Ausübung der Macht drei Funktionen erfüllt: Sie ist unmittelbarer Produzent, sie ist Eigentümer der Produktionsmittel und ist Organisator und Koordinator des gesellschaftlichen Produktionsprozesses. Indem wir diese ,,Funktionen" übernehmen, möchten wir auf den Prozentsatz, das Verhältnis hinweisen, in dem Mitglieder der Arbeitsklasse in diesen drei Funktionen vertreten sind. Wir erhalten auf diese Weise ein differenzierteres Bild, das kommunistische Politiker vermeiden möchten, indem sie diese Funktionen der *ganzen* Arbeiterklasse zuerkennen, was nach unserer bisherigen Analyse offensichtlich nicht annehmbar ist.

Kehren wir also zur Praxis zurück. Wir werden feststellen, daß die kommunistischen Parteien in den Ländern des Lagers etwa höchstens 20 Prozent der Bevölkerung darstellen. Von diesen 20 Prozent besteht mindestens die Hälfte aus den einfachen Parteimitgliedern, denen jede Entscheidungsmacht abgeht, die lediglich den Schein einer Massenbasis schaffen sollen, der Partei die Aura verleihen, sie sei eine Partei der ,,Arbeiterklasse". Diese ,,einfachen" Parteimitglieder sind die ,,Statisten" des Bühnenstücks, Menschen, für die diese Eigenschaft eigentlich nur noch eine weitere Möglichkeit darstellt, um im Zaum gehalten zu werden. Fügen wir noch etwa 10 Prozent der Bevölkerung hinzu, die die Armee und ihre drei Abteilungen bilden. Es stellt sich dann heraus, daß höchstens 10 Prozent der Bevölkerung eines kommunistischen Landes als Organisator und Koordinator des sozialen Produktionsprozesses gelten können, also die führende Macht der Gesellschaft bilden und gleichzeitig auch realer Eigentümer aller Produktionsmittel sind. Diese Gruppe nutzt die unmittelbare und bedingungslose Hilfe des Restes der Partei (etwa 10 Prozent der Bevölkerung) sowie der Streitkräfte (weitere 10 Prozent). Daraus ergibt sich, daß die Funktion eines unmittelbaren Produzenten (etwa 70 Prozent) der aktiven Bevölkerung zukommt, und daß die herrschende ,,Klasse" auch in dieser Hinsicht keine Klasse darstellt – selbst im allgemeinen Sinne nicht, wie ihn die marxistisch-leninistische Lehre selbst akzeptiert, weil sie *keine* der Kriterien erfüllt, die ihr das Recht verleihen könnte, sich als gesellschaftliche Klasse zu bezeichnen! Sie ist auch zahlenmäßig keine ,,zahlreiche Menschengruppe", obwohl wir in unsere Rechnung auch diejenigen einbezogen haben, unabhängig von ihrer Zugehörigkeit und ihrer Meinung, die dieser Gruppe untergeordnet sind: den Parteiapparat sowie die Armee, diesen dreiköpfigen Drachen!

Wenn wir jetzt von rechnerischen Verhältnissen ausgehen, laufen wir Gefahr, daß man uns eine einfache und plausible Antwort gibt: Eine Gesellschaft (jede Gesellschaft) bestehe nicht nur aus Arbeiterklasse, es gebe auch andere Klassen, die zu ihrem Bestand gehören, so daß unsere Rechnung recht fragwürdig erscheinen mag, für den Fall, daß die übrigen Klassen an der Führung der Gesellschaft teilhaben würden (wenn auch nur der Form nach!), und somit seien die von uns angeführten Verhältnisse an den Haaren herbeigezogen. Der Einwand ist an sich richtig, doch unsere Replik reduziert sie ad absurdum: *im Kommunismus gibt es keine weiteren Klassen außer der Arbeiterklasse*! Die von uns erarbeiteten Proportionen entsprechen also der Realität und sind richtig! Nachdem wir die Existenz einer einzigen Klasse in der kommunistischen Gesellschaft aufgezeigt haben, schreiten wir nun zur Entmythisierung eines weiteren heiligen Grundsatzes des Kommunismus.

Tatarenwüste

Die Harmonie der kommunistischen Gesellschaft, das Fehlen von Gegensätzen zwischen den Klassen, ist ein historisch neues Phänomen, das nur dieser Gesellschaft spezifisch ist. Diese Erscheinung läßt sich eigentlich nur dadurch erklären, daß es sie . . . gar nicht gibt. Die Erklärung hierfür ist einfach: es fehlen die Klassen selbst, die in Harmonie miteinander leben sollten, oder die zueinander im Gegensatz stehen könnten. Die Abschaffung der Klassen ist nämlich eine der ersten Zielsetzungen der kommunistischen Revolution, eine Zielsetzung, die zwar objektiv verschleiert, doch von der Geschichte bestätigt wird!

Dieser Auflösungsprozeß (der Klassen – d.Ü.), der eigentlich als Endziel der Kommunistischen Revolution präsentiert wird, das in irgendeiner fernen Zukunft durch „Verbrüderung" der sozialen Klassen erreicht werden soll, die dann „frei" von antagonistischen sozialen Gegensätzen sein würden (eine Tautologie, auf die wir noch zurückkommen werden), soll sich wie von selbst vollziehen, und zwar durch das „Voranschreiten" der Gesellschaft unter Führung des ehemaligen Proletariats, das zur führenden Klasse geworden ist. Die einzige Klasse, der schon von Anfang an ein Krieg auf Leben und Tod angesagt wird, ist die Klasse der Kapitalisten, gleich, ob sie nun aus Bürgern und Großgrundbesitzern oder nur aus einer dieser beiden Schichten besteht. Im Grunde genommen ist jedoch diese Kampfansage nur ein taktisches Manöver.

Die zahlenmäßig kleine Arbeiterschaft könnte in ihrer Revolution den Sieg nicht davontragen, würde sie nicht mit der Unterstützung anderer Klassen oder sozialen Schichten rechnen können, die infolge der Auswüchse des Kapitalismus zutiefst unzufrieden sind. Und so verbündet sie sich mit ihnen („Verbrüdere dich mit dem Teufel, bis du über die Brücke kommst"), um sie dann nach der endgültigen Erringung der Macht abzuschaffen!

Um den Nachweis unserer Behauptungen zu erbringen, müssen wir in der Geschichte zurückblättern.

Die einzige echte Revolution des Proletariats fand zu Beginn unseres Jahrhunderts statt, 1917 in Rußland, unter den konfusen Bedingungen eines verlorenen Krieges, in dem der Sieger (selbst am Ende seiner Kräfte) keine Ressourcen mehr gefunden hatte, um den Sieg zu nutzen. Und so konnte in einem der größten Imperien, das im Laufe von etwa 900 Jahren der Expansion geschaffen wurde, eine Revolution neuen Typs stattfinden und gelingen, eine Revolution wie es sie vorher noch nie gegeben hat. Einer aktiven Intelligenz gelang es, alle Unzufriedenen eines fallimentären Systems (das eher durch feudale als durch bürgerliche Merkmale gekennzeichnet wurde!) unter einer roten Flagge zu versammeln. Es gelang ihr, indem sie das Zögern einer sozialistischen Übergangsregierung ausnutzte und alle politischen „Spielregeln" mit Füßen trat, die Macht an sich zu reißen und zur Umwandlung der Gesellschaft im Sinne ihrer eigenen Interessen und Ziele zu schreiten. So wurden die „Sowjets der Soldaten, Arbeiter und Bauern" (zu beachten ist, daß die Arbeiter von Anfang an nicht allein kämpfen konnten) gebildet und der Terror begründet, der im allgemeinen unter dem Namen „Diktatur des Proletariats" bekannt ist. Die Revolutionsführer rechtfertigten diesen Terror durch den Mengenfaktor (die erste Diktatur der Vielen über die Wenigen: eine rechtmäßige Sanktion durch die Geschichte) und das Volk folgte ihnen, berauscht durch die Verheißung der Macht!

In einem wirtschaftlich rückständigen Land, das über Jahrhunderte von einer stumpfsinnigen Autokratie und im letzten Jahrhundert von Politikern regiert wurde, die dem Fortschritt zutiefst zuwiderhandelten, mit riesigen ausgehungerten Massen, die nie eine soziale Chance bekommen hatten, kann alles verwirklicht werden – unter der Bedingung, daß man es zu verwirklichen wagt. Auf diese Weise kommt die Macht der Sowjets auf, die in ihren ersten Jahren als die Macht der ehemaligen Unterdrückten dargestellt wurde (jener Unterdrückten, aus denen später die ,,Gruppe der Vertreter" hervorgehen sollte).

Die Macht der Sowjets schafft die Klasse der Großgrundbesitzer ab und unterdrückt die Anfänge des Kapitalismus in Rußland durch die Aneignung der Manufakturen, Werkstätten und kleinen Fabriken, die es zu der Zeit gab.

Noch im Jahre 1921 erklärt Lenin in einem berühmten (und in der kommunistischen Welt verhältnismäßig wenig bekannten) Interview, daß er entschlossen sei, auch die Bauernklasse abzuschaffen, weil sie ,,viel zu sehr am persönlichen Eigentum hängt" (d.h.: am Boden – denn die Sowjets hatten doch den taktischen ,,Fehler" gemacht, zu Beginn der Revolution den Boden an die Bauern zu verteilen, als sie ohne die riesige Bauernmasse die Gegenrevolution und die schwache Intervention der kapitalistischen Mächte keinesfalls hätten besiegen können). Lenin stirbt, doch sein Nachfolger kennt seine Aufgabe gut und im Jahre 1924 wird die Bauernklasse, die immer noch die Mehrheit darstellte, praktisch liquidiert, eine historische Maßnahme, die als ,,Abschluß der Kollektivierung der Landwirtschaft" bekannt geworden ist.

Die Bauern verlieren den Boden, den sie sechs Jahre zuvor erhalten hatten, und unter Bedingungen, in denen sie sich überhaupt keiner Unterstützung mehr erfreuen können, geben sie die Bebauung der landwirtschaftlichen Flächen auf, die nun Staatseigentum sind, und sehen sich gezwungen, den Weg in die Fabriken und Unternehmen der Städte zu beschreiten (zu vermerken ist hier, daß dieses ,,Phänomen" sich nach demselben Schema auch in den übrigen kommunistischen Ländern wiederholt hat). Selbstverständlich war die produktive Elite der Bauernschaft, die sogenannten Großbauern (russisch: ,,Kulaken") schon lange vorher abgeschafft worden – im eigentlichen und im übertragenen Sinne (nämlich physisch und als soziale Schicht), indem sie mit den Großgrundbesitzern gleichgestellt wurde. So gelang es den Sowjets in einer historisch unglaublich kurzen Zeit, eine unvorstellbare Leistung zu verwirklichen: es gelang ihnen, all diejenigen vom Erdboden verschwinden zu lassen, die in der einen oder anderen Form ein Gut besessen hatten, das die neue herrschende „Klasse" brauchte und das ihnen abgenommen werden *mußte*! Indem sie die physische Beseitigung der Großgrundbesitzer, des Bürgertums und der begüterten Bauernschaft an den Prozeß der Industrialisierung zu koppeln vermochten, der es ermöglichen sollte, die enteigneten Bauern aufzusaugen, gelang es den Sowjets mit einem Schuß zwei Hasen zu schießen: sie eigneten sich den gesamten Reichtum des Landes an und beseitigten jede Art von Konkurrenz, die ihnen diesen Besitz streitig machen konnte.

Die ehemaligen Muschiks verwandelten sich zu Arbeitern und glaubten aus ganzem Herzen, daß die Partei der Bolschewiki ihre wirtschaftliche Lage, ihr Leben selbst umwandeln würde! Für die Bolschewiki stand jedoch ein völlig anderes Problem im Vordergrund: Wer wird nun in der Folge die Felder bearbeiten, wer wird die Nahrung des Volkes sichern? Eine Lösung wurde bis heute noch nicht gefunden. Die Abschaffung der Bauernklasse durch Enteignung des Bodens und die Hinführung ihrer Mehrheit in die Fabriken der Städte bewirkte das dauerhafteste Merkmal einer jeden kommunistischen Wirtschaft: den permanenten Mangel an Lebensmitteln!

Die Kolchosen, die an die Stelle der bäuerlichen Wirtschaften getreten waren, konnten nie eine diesen ähnliche Produktivität erzielen. Die Kolchosen, denen es an qualifizierter Arbeitskraft, an Wegen zur Mitinteressierung ihrer Mitglieder, an genügenden technischen Mitteln mangelte, die große industriell-landwirtschaftliche Einheiten werden sollten, konnten sich nicht entwickeln, es gelang ihnen nie, den Forderungen entsprechend zu produzieren und so verblieben sie auf ihrem ursprünglichen Stand. Die bäuerlichen Überreste, die noch in diesen wirtschaftlichen Einheiten arbeiten und am Erfolg nicht mitbeteiligt sind, neigen dazu, in die Städte „abzuwandern", um in den Fabriken unterzukommen und so die Eigenschaft von Arbeitern zu erlangen, was sie auf sozialer Ebene höher stellt! Da eine solche Tendenz von der Partei gestützt wird, wird auch nichts unternommen, um die Situation der Kolchos-Mitglieder tatsächlich zu verändern. Zugleich bestehen zwar die kleinen individuellen Bauernwirtschaften weiter, doch sie werden vom Kommunismus nicht gefördert, obwohl sie die einzigen sind, die den qualitativen Anforderungen einer normalen landwirtschaftlichen Produktion entsprechen.

Die solchen individuellen Bauernwirtschaften zuerkannten Böden werden periodisch flächenmäßig reduziert, die an den Staat abzuliefernden Quoten wachsen Jahr für Jahr, so daß auch diese kleinen Produzenten schließlich entmutigt aufgeben, um in Richtung Stadt abzuwandern. Das politische Gebot der Abschaffung der Bauernschaft (also jeglicher „Konkurrenz"!) ist jedoch so stark, daß die ganze, von dieser Tendenz hervorgerufene wirtschaftliche Misere als zweitrangig betrachtet wird. Seit Jahrzehnten werden ungeeignete „Maßnahmen" getroffen: Es wird zwar intensiv angebaut – doch die Getreidearten sind von schlechter Qualität und kaum widerstandsfähig. Ein gewisser Chruschtschow befiehlt den Anbau von Mais in viereckigen Nestern und meint, das Ei des Kolumbus entdeckt zu haben. Es wird immer mehr in Bewässerungsanlagen investiert – doch diese hängen von der Niederschlagsmenge ab, die fällt oder auch nicht. Seit über einem halben Jahrhundert wird die Ernte von Soldaten, Schülern, Studenten, Angestellten und Intellektuellen eingebracht.

Getreide und sonstige Nahrungsmittel werden aus den kapitalistischen Ländern gekauft (ein politischer Fehler: der Kommunismus ordnet sich wirtschaftlich dem Kapitalismus unter, eine Gefahr, die vor rund 60 Jahren für immer gebannt schien!). Doch der Hunger, der chronische Mangel an Lebensmitteln, die schlechte Versorgung – sie sind und bleiben auf der Tagesordnung! Richtlinien der zentralen oder regionalen Komitees, administrative Maßnahmen – nichts kann die erfahrene Arbeitskraft, die Sachkenntnis des Bauern, sein fachliches Können ersetzen! Die Krise ist inzwischen so tiefgreifend, daß sie bereits ans Komische grenzt: Immer wieder wird der Versuch unternommen, diejenigen aufs Land zurückzuschicken, die vor Jahren in die Städte gelockt und in Fabriken gesteckt wurden, die sich jedoch ein neues Leben mit Wurzeln tief im städtischen Boden aufgebaut haben! Bekannt ist der Fall eines prominenten Mitglieds der Gruppe der Vertreter, dem eine geniale Idee durch den Kopf schießt: Man solle den Bauern den Boden zurückgeben!

Sein Plädoyer kann nicht sofort überzeugen, und der Mann wird aufgefordert, überzeugende Argumente zu finden. So entschließt er sich, in jenes Dorf zurückzukehren, in dem er geboren wurde, und ordnet eine Generalversammlung aller Bauern an. Er stellt ihnen die Frage: Wollen sie den Boden der landwirtschaftlichen Genossenschaft? Sie könnten ihn untereinander aufteilen und bearbeiten. Bedingung ist, daß sie dann gemeinsam dieselbe Quote an den Staat abliefern, die sie jetzt der Genossenschaft geben. Der Rest, der ganze Rest würde ihnen verbleiben. . .

Die Bauern schweigen, manche von ihnen lächeln, doch sie meiden den Blick des Sprechers. Das prominente Mitglied der Parteiführung gesteht ihnen eine Bedenkzeit zu und geht wieder. Am nächsten Tag erhält er ein Telegramm: Die Versammlung der Bauern will den Boden nicht zurückhaben! Später werden auch die Gründe der Absage bekannt: Die Bauern sind der Ansicht, daß sie die Flächen nicht bearbeiten können; sie haben keine Werkzeuge, sie verfügen nicht über Düngemittel (selbst die Genossenschaft hatte sie nicht in genügenden Mengen); die Traktoren würden nicht rechtzeitig kommen (sie kommen auch jetzt nicht rechtzeitig) und die Traktorfahrer würden zusätzliche Bezahlung fordern, um die Arbeiten rechtzeitig abzuschließen (Trinkgeld!); *der Staat wird die ursprünglich festgelegte Quote erhöhen*; sie würden mehr arbeiten ohne entsprechend mehr zu verdienen: *die ganze Geschichte zahlt sich nicht aus!*

Wie Sie feststellen können, der Prozeß scheint unumkehrbar. Es ist viel leichter etwas zu zerstören, als aufzubauen, als wiedergutzumachen. Und weil hier von einer gesellschaftlichen Klasse die Rede ist: wenn ihre Abschaffung relativ unkompliziert war (wir beziehen uns jetzt nicht auf die angewandten Mittel), ihre Wiederherstellung ist praktisch unmöglich. In erster Linie, weil der Kommunismus das gar nicht wünscht!

Das Bild ist in *allen* kommunistischen Ländern in denselben Farben gemalt: weil der sowjetische Staat die Revolution exportiert hat und seine ,,Erfahrung" überall zur Anwendung brachte, ungeachtet der historischen und geographischen Bedingungen, die vorherrschten, indem er überall dieselben hauptsächlichen Zielsetzungen vorschrieb. Und obwohl er dies in den meisten Fällen nach einer traurigen Erfahrung von etwa zwanzig Jahren Landwirtschaft ohne Bauern durchzusetzen versuchte, zögerte der sowjetische Staat keinen Augenblick, um auch weiterhin dieselbe Zielsetzung festzulegen: die Abschaffung der Bauernklasse.

Der ursprüngliche Haß der Proletarier, die nie etwas besessen hatten, der Haß gegen alle diejenigen, die etwas hatten, etwas besaßen – war ursprünglich Impuls einer Politik, die den wirtschaftlichen Faktor nie berücksichtigt und das für sie aus dieser Sicht wichtigste soziale Element zerstört hat! Denn das an die Macht gelangte Proletariat hatte sich ursprünglich nur vorgenommen, die Fabriken, in denen es früher Sklavenarbeit geleistet hatte, zu besitzen. Das Proletariat gestaltete sich zu einer konsumierenden sozialen Schicht und nicht zu einer, die Nahrung erzeugen sollte. Doch ihm fehlte die ,,zahlenmäßige" Eigenschaft, das erste Kriterium, eine gesellschaftliche Klasse zu sein. Durch die ,,industrielle Revolution" schaffte das Proletariat die billige Arbeitskraft an, der sie vorher jede andere wirtschaftliche Perspektive geraubt hatte. Unter solchen Bedingungen wuchs innerhalb von zwei Jahrzehnten die Anzahl der Konsumierenden auf 70 Prozent gegenüber den nur 30 Prozent, die Nahrungsmittel herstellten! Und die Maschinen, die die Arbeitskräfte ersetzen sollten, die den landwirtschaftlichen Sektor verlassen hatten, diese Maschinen wurden in einem viel zu langsamen Rhythmus produziert. Dies setzte voraus, daß eine Anzahl von spezialisierten Arbeitern herangezogen werden mußte, für deren Ausbildung ebenfalls lange Zeit aufzuwenden war. Es folgte der Krieg, dann der kalte Krieg, dann die Vorrangigkeit der Expansion in die ehemaligen Kolonien, die von den Kolonialmächten verlassen worden waren, dann die Vorrangigkeit der Aufrüstung. . . Es ist festzustellen, daß im Verlauf der Geschichte des Kommunismus immer wieder neue Prioritäten die Notwendigkeit der Ernährung des eigenen Volkes zweitrangig machten, so daß die Unterernährung zu einem Merkmal des Systems geworden ist.

Jetzt, wo wir unseren Rückblick abschließen wollen, können wir mit aller Objektivität behaupten, daß einer der größten Irrtümer des Kommunismus gerade die Abschaffung dieser vorwiegend produzierenden Klasse war!

Kommen wir zu unserem Thema zurück. Über diese Beobachtung hinaus werden wir feststellen, daß die kommunistische Gesellschaft durch die Abschaffung der Bauernschaft einfarbig geworden ist, daß nicht mehr von gesellschaftlichen Klassen in dem Sinne die Rede sein kann, daß jede einen bestimmten Platz im Produktionsprozeß einnimmt, eine bestimmte Rolle in seiner sozialen Organisierung hat und auf dieselbe Weise und im selben Maße ihren Anteil aus dem gesellschaftlichen Reichtum erwirbt. So sehr wir uns auch bemühen würden, werden wir neben der zahlenmäßig vorherrschenden Arbeiterklasse keine weiteren zahlenmäßig große Gruppen finden, die eine Klasse bilden könnten. Wir finden nur noch neben dem Überrest einer Bauernklasse (die immer weiter zusammenschrumpft), eine Schicht von Beamten,die eng mit der industriellen Wirtschaft verbunden ist. Sie ist eine Art Appendix, ein Blinddarm der Arbeiterklasse, ihre Rolle beschränkt sich darauf, die Ergebnisse der Arbeit der Arbeiterklasse aufzurechnen, und sie kann sehr leicht der Arbeiterklasse angeglichen werden. Fügen wir noch hinzu, daß diese Schicht im Kommunismus unbeliebt ist, da sie als notwendiges Übel betrachtet wird und man bestrebt ist, sie ständig zu reduzieren, daß sie eigentlich höchstens eine ganz periphere Rolle in der Organisierung der gesellschaftlichen Produktion hat, daß Art und Größe des Anteils, den sie am gesellschaftlichen Reichtum (ihren Lohn) erwirbt, identisch ist mit dem der Arbeiterklasse – so können wir ohne weiteres davon ausgehen, daß diese soziale Schicht auch keine besondere Rolle in der kommunistischen Gesellschaft spielt und demnach auch keinen Einfluß auf das monochrome Gesellschaftsbild ausübt.

Es bleibt trotzdem ein kleiner Farbfleck von unregelmäßiger Form und mit gallertartigem Inhalt. Versuchen wir auch noch so sehr von ihm abzusehen, um das von uns vorgeführte Bild von der monochromen kommunistischen Gesellschaft beizubehalten, müssen wir dennoch erkennen, daß dieser Farbfleck, so unbedeutend er auch sei, auf der Oberfläche des Kommunismus fortbesteht.

Dieser „Farbfleck“ ist die Intelligentsia.

Es ist eine im Laufe der Jahrhunderte immer wieder verhaßte Kategorie – und zwar in allen Gesellschaftsordnungen. Man konnte sich von ihr nicht befreien und wurde einsichtig, daß sie notwendig ist und man ihr ein Recht auf Überleben einzuräumen hat. Der Kommunismus konnte sie ebenfalls nicht loswerden und mußte schließlich ihr Existenzrecht anerkennen. Zum Unterschied jedoch von der Bauernklasse, die zwar abgeschafft wurde, deren Existenz und Eigenschaft als „Alliierte“, als Verbündete der Arbeiterklasse jedoch weiterhin verkündet wird, wurde der Intelligentsia der Status einer Klasse nicht zuerkannt, obwohl sie die Mehrzahl der geforderten Kriterien erfüllt (vielleicht im geringeren Maße das Kriterium der Quantität), zumal sie immer noch weiterexistiert. Man kann Argumente dafür und dagegen anführen bei der Erörterung der Klasseneigenschaft der Intelligentsia im Kommunismus. Doch auch ohne als Klasse anerkannt zu werden, wird sie als Bestandteil der kommunistischen Gesellschaft *akzeptiert*.

Ich habe einmal einen Film gesehen, der den Titel „Die Tatarenwüste" führte. Die Handlung ist mir nicht mehr gegenwärtig, doch scheint mir die spezifische Atmosphäre aus der kommunistischen Realität gegriffen: Eine riesige Wüste, an deren Rand eine kleine Anzahl von Intellektuellen in dem Wahn lebt, sie könne sich den Tataren widersetzen, wenn sie, aus der Wüste kommend, über sie herfallen würden. Die Tataren kommen jedoch nie, weil die kleine Gruppe sie eigentlich nicht stört und in der Folge dulden sie die Intellektuellen und lassen sie in der Überzeugung überleben, daß sie irgendeine Bedeutung hätten. Eigentlich ignorieren die Tataren ihre Existenz!

Doch sollten wir uns nicht bei solchen Bildern aufhalten. Wir wollen eine kurze Analyse dieser Kleingruppe vornehmen, die so hinfällig und verstreut ist, so labil und heterogen, jedoch – wie wir sehen – in einer Gesellschaft zu überleben vermag, die für Eigenschaften dieser Gruppe nicht nur kein Interesse zeigt, sondern sie sogar als schädlich und gefährlich erachtet.

Intelligentsia*

Es ist eigentlich selbstverständlich, daß in einer modernen kommunistischen Gesellschaft, die sie regierenden scheinbaren oder geheimen Gesetze nicht über Nacht aufgetreten sind, sondern das Ergebnis von jahrzehntelangen Erfahrungen, des Suchens und wiederholter Fehler sind. Ihre gegenwärtige Stabilität und Einheitlichkeit ist das Ergebnis eines langwierigen Prozesses, der das Verschwinden von sozialen, ethnischen, religiösen u.a. Gruppen vorausgesetzt hat. Wollten wir die historischen Persönlichkeiten erwähnen, die in diesem Prozeß Hauptrollen gespielt haben, so müßten wir an erster Stelle Lenin nennen, der die theoretischen Grundlagen gelegt und ihre Anwendung im Leben eingeleitet hat, aber dann insbesondere auch Stalin, der die leninistischen Ideen vervollkommnet, weiterentwickelt und konsolidiert hat, der im Verlauf seiner langjährigen Herrschaft das geschmiedet hat, was heute als der „siegreiche Kommunismus" bezeichnet wird.

Um Standort und Rolle der Intelligentsia im kommunistischen Gesellschaftsgefüge zu verstehen, ist es wiederum wichtig den Blick in die Vergangenheit zu lenken.

Die Revolution der Bolschewiki hatte ursprünglich keinen Anlaß, die Intelligentsia aus ihrem Programm der Ausschaltung jeglicher Konkurrenten im Kampf um die Macht auszuschließen. Aus sozialer Sicht gehörte die Intelligentsia zur bürgerlichen Klasse und politisch konnte sie eigentlich kein Verbündeter sein, da sie viel zu labil und zu heterogen war und sich vornehmlich den Idealen der bürgerlichen Re-

---

*) Wir übernehmen den russischen Terminus, weil er durch seine Resonanz, die über seine eigentliche Begrifflichkeit hinausreicht, einen neuen sozialen Inhalt, eine politische Wertung hat.

volution verbunden fühlte, somit unempfindlich, wenn nicht gar feindlich den Zielsetzungen der Diktatur des Proletariats gegenüberstand. So war sich das Proletariat bewußt, daß ohne die Theorien der Intellektuellen Marx und Engels und ohne die führende Macht und die Klarsicht Lenins die Revolution weder ein Programm noch eine kompetente Führung gehabt hätte, geschweige denn hätte siegen können!

Vor allem aber unter den Bedingungen einer Isolierung Sowjetrußlands schien die Intelligentsia notwendig. Wir sollten ebenfalls nicht vergessen, daß das Proletariat sich die Weltrevolution zum Ziel gesetzt hatte und sich noch immer zum Ziel setzt, d.h. die politische und militärische Expansion. Es besteht kein Zweifel darüber, daß Lenin alle diese Faktoren berücksichtigt und – als das politische Genie, das er war – gewußt hat, wie die Schwächen der Intelligentsia zu werten und auszulegen sind.

Die Intellegentsia erwarb eine gewisse Autonomie und wurde zu einer sozialen Schicht erst in der Zeit des Kapitalismus, als sie zur hauptsächlichen Antriebskraft in der Entwicklung der Technik und in der Organisation der industriellen Produktion wurde. Sie beschränkte sich auf ihren Bereich, auf die Fragen der Wissenschaften und der Kulturinteressierte sich nie effektiv für die Gesellschaftswissenschaft, mischte sich nie voll und ganz in die politischen Angelegenheiten und versuchte nie, sich eine Meinung zu bilden und in sozialen Belangen zu wirken, mit Ausnahme einiger weniger Wirtschafter, die lange Zeit als nicht zur Gruppe gehörend betrachtet wurden.

Das soziale Hauptmerkmal dieser Gruppe ist und bleibt der Individualismus. Die Intelligentsia besteht aus Persönlichkeiten, die mehr oder weniger gut ausgebildet sind, aus Menschen mit vorwiegend abstrakten Beschäftigungen, die meinen, daß nur ihre Äußerungen wichtig sind. Anders als die Bauernschaft war die Intelligentsia nie eng an das Eigentum gebunden und ihre Tätigkeit hing nie von der Größe oder der Existenz eines Eigentums ab.

Selbstverständlich ist ein Vertreter der Intelligentsia von Natur aus ein „homo sapiens", der einem totalitären System nie zustimmen kann. Trotz ihres „rückständigen demokratischen Denkens" bleibt die Intelligentsia für den Kommunismus unerläßlich. Unter der Bedingung, daß diejenigen Elemente ausgeschaltet werden, die ihre Aufmerksamkeit auf politische Probleme richten und daß diejenigen, die „ehrlich" sind, sich unterordnen, entschied der Kommunismus, daß diese „Spezies" am Leben bleiben darf. Es wurde ihr sogar ein besonderer (wenngleich auch sekundärer) sozialer Status gewährt.

Die eigentliche Überlegung, der die Intelligentsia diese halbprivilegierte Situation verdankte, geht von der Notwendigkeit aus, daß ihr folgende Aufgaben „zugedacht" sind:

1. Die Propaganda

Der Kommunismus ist eine Gesellschaft feudalen Typs (historisch entstand er aus diesem System), die durch Aneignung der Praktiken des ursprünglichen Kapitalismus die Ausbeutung des Menschen durch den Menschen auf die höchste Stufe erhoben hat, wobei weder die Völker außerhalb des kommunistischen Machtbereichs noch vor allem die Völker aus seinem Machtbereich sich dieser Realität bewußt werden dürfen. Der Intelligentsia kommt die Rolle zu, die Menschheit von den Vorstellungen, den Träumen von Marx und Engels zu überzeugen, diese zu erläutern, sie weiterhin zu fördern! Die Völker innerhalb des Systems müssen überzeugt werden, daß sie die eigentlichen Herrscher sind und in Freiheit leben, daß sie von Ausbeutung und Elend befreit wurden; die Völker außerhalb des kommunistischen Machtbereichs, daß der einzige Weg zur Freiheit, daß ihre einzige Hoffnung der Kommunismus ist.

Im Dienste dieser Aufgabe bedarf es einer soliden Gruppe von schöpferischen Kräften, die die marxistisch-leninistische Lehre „entwickeln" und sie „schöpferisch" den neuen historischen, sozialen und wirtschaftlichen Bedingungen angleichen sollen.

2. Die Technik

Die kommunistische Wirtschaft ist im wesentlichen eine Wirtschaft industriellen Typus. Der Aufbau und die ständige Entwicklung der Industrie erfordert Spezialisten, hochqualifizierte Fachkräfte, die sich nicht nur der Alltagsproduktion widmen, sondern auch auf theoretischer Ebene in Forschung und Entwicklung wirken können. Hätte man die Arbeiterklasse einfach arbeiten lassen, ohne an den Fortschritt zu denken, an die Entwicklung und Vervollkommnung der Produktionsmittel, so wäre dies einer Verurteilung zum Untergang gleichgekommen. Unter diesem Gesichtspunkt mußte und muß immer noch die Gruppe der Vertreter der Arbeiterklasse sich die Existenz des kapitalistischen Systems vor Augen halten, und so wurde die Intelligentsia nolens-volens zu einem sehr wichtigen sozialen Faktor!

3. Die eigentliche Kultur

Es ist erwiesen und es erweist sich immer wieder, daß die kommunistische Gesellschaft auch ohne die Existenz von Philosophen, Rechtsanwälten, Malern, Literaten, Musikern, Universitätsprofessoren, Kunstkritikern auskommen und „gedeihen" kann. Die Industrieproduktion braucht jedoch Ärzte und Apotheker, um diejenigen, die nicht durchhalten, wieder auf die „Beine zu bringen", Lehrer und Mittelschullehrer, um die Kader zu qualifizieren, Theaterleute, Filmschaffende und Choreographen, um eine „proletarische" Kunst zu schaffen, eigentlich jedoch nur um den Eindruck zu erwecken, daß eine „neue Kultur für das Volk" geschaffen werde.

Dies waren nur drei Problemkomplexe, die dazu geführt haben, daß die Intelligentsia überleben konnte, daß sie angepaßt wurde, daß sie einen Platz in der kommunistischen Gesellschaft einnehmen durfte. Durch eine noch von Lenin eingeführte Praxis, die Spitzendissidenten mit dem berühmtgewordenen Schiff auszubürgern, werden Persönlichkeiten, die vom kommunistischen „Denken" abweichen, ausgewiesen. „Geringere" Intellektuelle verschwinden in ähnlichen Fällen. Währenddessen arbeitet die den Bedürfnissen des Kommunismus untergeordnete Masse von Intellektuellen emsig im Dienste der Gruppe der Vertreter.

Die Intellektuellen, die als Bedienstete des Systems eingestuft werden, erhalten für ihre Arbeit vor allem Ehrungen symbolischen Charakters (Titel, Orden) und eine Entlohnung, die sich etwa nach dem Durchschnitt der Entlohnung des Restes der Gesellschaft richtet. Auf diese Weise läßt sich u.a. auch der Exodus, der Ausbruch der Intellektuellen in die freie Welt erklären, auch die Dissidenten-Kunst, die sie nebenbei schaffen. Nur diejenigen, die unmittelbar der Partei oder der Armee dienen, erhalten auf materieller Ebene etwas höhere Bezüge.

Daher wird jeder, der eine Zeitung oder ein politisches Werk des Kommunismus liest, den berühmten Satz vorfinden: „Die Arbeiterklasse im Bündnis mit der Bauernschaft und mit Unterstützung der Intellektuellen aus dem Volke" – als ob irgendwann oder irgendwo die Intellektuellen von anderswo hätten stammen können!

Der Kommunismus betrachtet die Intelligentsia als eine gesellschaftliche Schicht von Menschen, deren einzige Existenzquelle eine geistige Tätigkeit ist, die keinen festen Platz in der materiellen Produktion einnimmt. Sie soll eine von den Interessen der herrschenden Klasse bestimmte politische Tätigkeit entfalten, und so gesehen die Rolle eines Mitläufers übernehmen, der einer ständigen und sehr wachsamen Kontrolle unterzogen wird. Der Tatsache bewußt, daß die Intelligentsia als Trägerin von Kultur und Wissenschaft relativ unabhängig von den Bedingungen ihrer sozialen Existenz ist und daher stets die Möglichkeit einer Option, der freien Wahl ihrer Klassenposition, ihres politischen Willens und Verhaltens hat, behandelt sie der Kommunismus mit gewisser Anerkennung, jedoch ohne ihr je sein Vertrauen zu schenken! In der Folge wird man in der sozialen Hierarchie nie echte Intellektuelle in Vertrauenspositionen finden, und selbst wenn dies geschehen sollte, werden sie von Vertretern der Partei überwacht.

Der Kommunismus wird die Schaffung einer ,,neuen Intelligentsia'', die der Gruppe der Vertreter treu ist, als ständige Aufgabe betrachten. Zu diesem Zweck wird sie mit der Ausschaltung der ,,Sturen'' und mit der Umerziehung der ,,Anpassungsfähigen'' beginnen. Die neuen Intellektuellen werden schon von frühester Kindheit an in der Überzeugung erzogen, daß ihre Existenz von der Treue gegenüber dem Kommunismus abhängt. Die kleinste Abweichung von dieser Treue, das leiseste Zeichen von Zweifel, von Häresie bedeutet die Ausschaltung des betreffenden Individuums aus den Reihen der Intelligentsia, in schwierigen Fällen sogar aus der Gesellschaft. Begriffe wie ,,freies Denken'' oder ,,Gedankenfreiheit'', ,,Redefreiheit'', ,,unabhängige Forschung'' usw., sind Begriffe, die in der Gedankenwelt der ,,wahren kommunistischen Intelligentsia'' keinen Platz finden. Doch diese Kategorien sind die Voraussetzungen für die Existenz von Intellektuellen. Nun stellt sich die Frage, in welchem Maße die kommunistische Intelligentsia tatsächlich ist, was sie zu sein vorgibt. Diese Intellektuellen, die im Geiste des kommunistischen Dogmas erzogen werden, das von Programmen, Richtlinien und vorher bestimmten Denksystemen geprägt wird und den Idealen des Kommunismus ,,treu'' ist, bauen ihre Existenz und Entwicklung nicht auf freier und ehrlicher Forschung auf, durch Information und langjähriges Studium, sondern auf der Nachahmung, auf dem Kopieren, oder direkt ausgedrückt, auf dem Diebstahl an den Ergebnissen und Methoden der Gelehrten aus der freien Welt. Die ,,wunderbaren Realisierungen der sowjetischen Wissenschaft'' sind in letzter Instanz das Ergebnis einer nachhaltigen Spionagetätigkeit im Bereich der Industrie, der Nachahmung und des Diebstahls von Patenten, der Aneignung durch jegliche Mittel von Ergebnissen der wissenschaftlichen Forschung in jenen Ländern, in denen solche Tätigkeit materiell und moralisch gestützt wird. Angefangen mit dem Geheimnis der Herstellung der Atombombe bis zu Computern der 5. Generation wurde alles von den anderen abgekupfert. Auf diese Weise bleibt der sogenannte technische Fortschritt auf der Strecke. Das hauptsächliche Mittel zur Hebung der Arbeitsproduktivität bleibt weiterhin die intensive Ausbeutung der Arbeiterklasse.

Es besteht kein Zweifel, daß es auch andere Intellektuelle gibt. Doch diese verweigern sich oder sie werden von all dem ferngehalten, was sie zu schaffen vermöchten und könnten. Solange irgendjemand nicht gewillt ist, den Interessen des Kommunismus in der Weise zu dienen, wie ihm das vorgeschrieben wird, solange erhält er keinen Platz am Lehrstuhl, im Labor, in Forschungsstätten usw. Auf diese Weise werden den wahren Intellektuellen nur Verwaltungstätigkeiten zugewiesen, um sie von ihrer Berufung abzuhalten. Und dann haben sie noch Glück gehabt!

Schriftsteller, Maler, Regisseure, Schauspieler, Musiker – alle diejenigen, die als Kunstschaffende gelten, sind gleichen Regeln unterstellt. Gefördert wird jene Kunst, die mittelbar oder unmittelbar der kommunistischen Propaganda dient. Verboten oder totgeschwiegen wird jede künstlerische Äußerung, die von dieser Propaganda abweicht oder ihr nicht dient.

Wir können also den Schluß ziehen, daß die kommunistische Intelligentsia eigentlich aus zwei unterschiedlichen Gruppierungen besteht:

- aus einer offiziellen, deren Hauptrolle darin besteht, den wissenschaftlichen und technischen Fortschritt des Auslands zu übernehmen und anzuwenden;
- aus der inoffiziellen, aus politischer Sicht potentiell „reaktionären", die abseits vom wissenschaftlichen und kulturellen Leben gehalten wird.

Das Hinüberwechseln aus der einen in die andere Gruppierung ist abhängig von den persönlichen Eigenschaften des einzelnen und vom Interesse, das die Partei für den betreffenden Intellektuellen haben oder verlieren kann.

Andererseits ist festzustellen, daß Dissidenten aus beiden Gruppierungen hervortreten können, ein Phänomen, das einmal mehr die politische Labilität der intellektuellen Schicht unter Beweis stellt, genauer gesagt, nachweist, daß die Intellektuellen schon strukturell eine ständig kritische Haltung sich selbst gegenüber und gegenüber der Gesellschaft in der sie leben, haben.

Da der Intellektuelle in der Regel über mehr Intelligenz verfügt als die Mehrheit der Leute, wird er kaum umhinkommen, sich gegen die Gesetze und das soziale System aufzulehnen, die ihn und die Mehrheit der Gesellschaft unterjochen. Solange jedoch sein Protest als Ausdrucksmittel individuell bleibt, kommt ihm keine gesellschaftliche Bedeutung zu und stellt auch keine Gefahr für die kommunistische Oligarchie dar.

Wir sind nun am Ende der theoretischen und praktischen Untersuchung der Grundmerkmale der kommunistischen Gesellschaft. Im Unterschied zu jenem Bild von der Tortenschnitte, wie es der russische Soziologe Amalrik vorgezeichnet hat, erscheint sie uns eher als eine Schnitte von einer verhältnismäßig homogenen Gallertmasse, auf deren Oberfläche eine sehr dünne Fettschicht sitzt, nämlich die *Gruppe der Vertreter*.

Was von der Bauernschaft geblieben ist, kann keinesfalls als gesellschaftliche Klasse bezeichnet werden und erhebt nicht einmal den Anspruch eine zu sein: Ihr einziger Wunsch ist, sich der Arbeiterschaft möglichst vollständig anzugleichen. Die „fortschrittlichen" Intellektuellen werden vom Wagen des Kommunismus ins Schlepptau genommen und gefallen sich in einer totalen Passivität.

Beide Gruppierungen, zu ihnen gehören auch die Angestellten/Beamten, sind im Grunde genommen in der Arbeiterklasse integriert und teilen weitgehend deren Schicksal. Sie spielen keine Rolle in der sozialen Organisierung der Arbeit, und der Anteil am sozialen Reichtum, der ihren Mitgliedern zukommt, ist ebenso gering und nimmt dieselbe Form des Lohnes an. Erwähnt haben wir sie hier nur, weil sie als unterschiedliche gesellschaftliche Gruppierungen von den kommunistischen Machthabern anerkannt werden.

Es erscheint demnach folgerichtig, daß es zwischen diesen sozialen Gruppen keine antagonistischen Gegensätze gibt. Antagonistische Gegensätze führen nämlich in der kommunistischen Ideologie zu Zusammenstößen zwischen Klassen und Gruppen mit entgegengesetzten Interessen. Es gibt höchstens ,,manche nichtantagonistische Gegensätze, die von privaten und sekundären Interessen hervorgerufen werden und die auch zwischen sozialen Gruppen und Kräften, die im Grunde genommen gemeinsame Interessen haben, möglich sind''. Als Beispiele von nichtantagonistischen Gegensätzen führt die kommunistische Theorie solche an, die auftreten, wenn soziale Elemente oder Institutionen zurückbleiben, obsolet werden im Verhältnis zur allgemeinen Entwicklung. Die Aufdeckung und Ausschaltung solcher Gegensätze bleibt jedoch eine Aufgabe der Partei und wird . . . rechtzeitig durchgeführt!

Unsere Gallertmasse bleibt weiterhin einheitlich und undurchsichtig und ihre Oberschicht hat darunter nicht zu leiden!

Da wir feststellen konnten, daß die sozialen Gegensätze (selbst die nichtantagonistischen) nicht ohne weiteres miteinander auszusöhnen sind, neigen wir dazu, der kommunistischen Theorie diesbezüglich keinen Glauben zu schenken.

Im Lichte unserer Konklusion von der Einförmigkeit der kommunistischen Gesellschaft, die in Folge des Verschwindens der Klassen und der weitestgehenden Kontrolle, der jedes Individuum in der kommunistischen Gesellschaft unterliegt, entstanden ist, müssen wir uns darüber einigen, daß es keine Gegensätze zwischen gesellschaftlichen Gruppen geben kann, *die sich strukturell nicht voneinander unterscheiden*. Keine dieser Gruppen erfreut sich einer privilegierten Lage, so daß keine den Neid der anderen weckt und auch nicht den Wunsch ihren Platz einzunehmen. Denn zwischen dem Bergarbeiter, der sechs Stunden lang vor Ort schwitzt, der Arbeiterin, die acht Stunden lang mit ständig wacher Aufmerksamkeit vor der Vielzahl von Webstühlen hin- und herflitzt, dem Ingenieur, der sich das Hirn zermartert, um zu den von ihm geforderten Ergebnissen am Rechner zu kommen, dem Laboranten, der einen ganzen Arbeitstag lang Stickstoff einatmet und einen Liter Milchersatz als „Gefahrenzulage" erhält, der Bäuerin, die nachts bei Scheinwerferlicht sät, nachdem sie den vorangehenden Tag und die davor stehende Nacht dieselbe Arbeit geleistet hat, dem Bauarbeiter, der Tag und Nacht, bei Kälte und Schneegestöber, auf dem Bau ist usw. und so fort – zwischen all diesen gibt es nur den einen Unterschied, daß sie unter verschiedenen Bedingungen arbeiten.

Andererseits haben sie alle einen großen gemeinsamen Nenner: Die sehr kleine Entlohnung, die sie für ihre Arbeit erhalten, eine winzige Summe, die ihre Bedürfnisse nicht decken kann, selbst wenn diese sich nicht in ständigem Wachsen befinden würden. Wenn das Verdienst aller Mitglieder der Gesellschaft vereinheitlicht und an die unterste Grenze gebracht wird, wenn jedem einzelnen und allen zusammen sich nur einzige Chance bietet, nämlich die *Arbeit*, welche Antagonismen könnten denn dann überhaupt auftauchen?

Durch die wenigen Protestierer, durch noch weniger Dissidenten, durch die vielen, die das Lager des Kommunismus verlassen haben, aber auch durch die vielen Werke, die geschrieben und veröffentlicht wurden und im wesentlichen den Schleier kommunistischer Lügen und Propaganda gelüftet haben, erwarb sich die Intelligentsia in den freien Ländern die Aureole einer Fackelträgerin für Wahrheit, Widerstand und wahren Antikommunismus. Der Eindruck ist, wenn nicht falsch, zumindest übertrieben, zieht man die ganze Gruppe in Betracht, die sich ebenso folgsam und untertänig gegenüber dem Kommunismus verhält wie alle anderen sozialen Gruppen dieser Gesellschaft. Die Vorstellung, die Intelligentsia des Kommunismus könnte Schwierigkeiten bereiten, könnte imstande sein, in Widerspruch zur Gruppe der Vertreter zu treten, irgendwann die stillen Wasser der kommunistischen Gesellschaft in der einen oder anderen Weise trüben, ist ein Irrtum und eine Illusion. Davon ist zunächst der Kommunismus selbst überzeugt, der die kleinen ,,Exzesse" (siehe Solschenizyn oder Sacharow) in einer Weise behandelt, die ihm überhaupt nicht entspricht: man läßt die Betreffenden gackern, und wenn sie es zu laut oder zu lange tun, dann schiebt man sie ganz einfach in die freie Welt ab, wo sie schließlich in der Vielfalt von Widerständen, die diese Welt kennzeichnen, untergehen. Gibt es dafür ein überzeugenderes Beispiel als das des Professors Sinowjew? Nachdem es ihm gelungen war, aus dem Lande des siegreichen Kommunismus zu entkommen, veröffentlichte er einen Roman, in dem er das Leben der Menschen in der kommunistischen Gesellschaft wahrhaft beschreibt, um nachher zu seinem eigentlichen Beruf zurückzukehren und heute in München Mathematik zu lehren. Nach einer kurzen Zeit der ,,Initiation" und des Kennenlernens der Wirklichkeit der Gesellschaft, die ihn aufgenommen hat, wird er ,,kritisch" auch gegenüber dieser und erklärt in einem Gespräch: ,,Der Kommunismus bietet den Menschen ein Existenzminimum, läßt sie nicht Hungers sterben, läßt sie spüren, daß ihr Alltag gesichert ist (!). Im Unterschied dazu, bieten die westlichen Gesellschaften diese Sicherheit nicht. Sie wissen doch auch, wieviele soziale Tragödien die Menschen hier erleben müssen!!". Eigentlich ein schöner ,,Schluß", den hier ein Überläufer zieht, der die sozialen Tragödien, die in der kommunistischen Ordnung so oft geschehen, entweder nicht kennengelernt oder viel zu schnell vergessen hat.

Wir sollten jedoch die Intelligentsia ihrer echten oder falschen Aureole überlassen, sonst erhält sie noch eine viel zu große Bedeutung in der Ökonomie unserer Untersuchung!

Arbeit – Quell des Glücks

Wiewohl sich die Arbeiterschaft in der kapitalistischen Welt organisiert und starke Gewerkschaften geschaffen hat, während ein Teil der sozialen Produktion vom Staate übernommen wurde – besteht das Gespenst der Arbeitslosigkeit, der Verlust des Arbeitsplatzes von einem Tag zum anderen, abhängig von Konjunkturveränderungen, weiterhin im Bewußtsein der Menschen.

Schon durch ihre Struktur, die auf Privateigentum über die Produktionsmittel gründet, in der die staatliche Kontrolle oberflächlich, also schwach ist, schließt die kapitalistische Produktion die mehr oder weniger zeitweilige, partielle oder totale Arbeitslosigkeit nicht aus, so daß eine Art Damokles-Schwert über dem Kopf eines jeden Arbeiters hängt. Der Eingriff des Staates in die Auseinandersetzung zwischen Arbeitgebern und Arbeitnehmern, die Arbeitslosenhilfe als ständige Einrichtung, die Solidaritätsstreiks mit den Entlassenen, sie alle sind nur Linderungsmittel, die diese Gefahren des Produktionssystems nicht beseitigen können.

Daher blicken die Arbeiter aus den nichtkommunistischen Ländern mit Bewunderung und mit Neid auf ihre Brüder in den kommunistischen Ländern, deren Recht auf Arbeit durch die Verfassung verbrieft ist und die für immer vom Alptraum der Arbeitslosigkeit befreit wurden.

Bereits in den vorangehenden Kapiteln konnten wir nachweisen, daß im Kommunismus in der Tat alle Menschen arbeiten, denn die Arbeit ist die einzige Existenzquelle für die große Mehrheit der Gesellschaft (für mindestens 80 % der Bevölkerung). Über die Art, *wie* diese große Mehrheit arbeitet, wollen wir im folgenden informieren.

Der Arbeitsprozeß, an dem die ganze kommunistische Gesellschaft direkt oder indirekt teilnimmt, ist auf allen

Ebenen der Gesellschaft rigoros organisiert, auf dem Wege eines einheitlichen Produktionsplanes, der nach Zeitspannen, Produktionsbereichen und Produktionseinheiten aufgeschlüsselt ist. Der Einheitsplan wird folgenderweise festgelegt:
Man geht aus von den bestehenden Produktionsmitteln, einschließlich der Arbeitskraft, man kalkuliert ungefähr, wieviel produziert werden könnte, damit auch eine zusätzliche Produktion erzielt wird, die die gemachten Investitionen rechtfertigt und Entwicklungsmöglichkeiten sichert. Aus dieser Sicht wird der Gedanke an die Arbeitslosigkeit ausgeschlossen, weil die Arbeitskraft von Anfang an in die Berechnung einer zentralisierten und einheitlichen Produktion einbezogen wird!

Dieses harmonische Bild entspricht jedoch leider nicht der Realität. Die inoffiziellen Gesetze, die den Arbeitsprozeß im Kommunismus regeln, sehen völlig anders aus als die veröffentlichten. Ihre Rolle ist es, die echten Gesetze zu vervollständigen oder zu verändern, wie es die Interessen der Gruppe der Vertreter verlangen. So ist es zwar wahr, daß die Produktion auf der Ebene der ganzen Gesellschaft zentralisiert geplant wird, doch was nicht gesagt wird, ist die Tatsache, daß das Hauptkriterium dieser Planung nicht die bestehenden Kapazitäten und Arbeitskraftmengen sind, sondern die Notwendigkeit, daß diese eine *möglichst große* Mehrproduktion schaffen! So wird der Arbeiter in einem kommunistischen Unternehmen dazu „erzogen" und daran gewöhnt, daß seine Arbeitsnorm ständig wächst, und zwar periodisch (im besten Fall von Jahr zu Jahr), als Folge des Wachstums der Planaufgaben, die seinem Unternehmen von oben vorgeschrieben werden. Da diese Praxis ununterbrochen fortdauert, gelangt der Arbeiter früher oder später zur Überzeugung, daß er sich die Mühe sparen kann, eine ständig wachsende Norm zu erfüllen. Unweigerlich kommt er zum Schluß, daß es ihm bei allem Bemühen nie gelingen wird mit der *aufblasbaren Arbeitsnorm* Schritt zu halten, was das hauptsächliche charakteristische Merkmal der kommunistischen Produktionsweise ist. Es stellt sich nun die Frage, wer bestimmt das ständige Anwachsen der Aufgaben eines Staatsplanes, der von allen Führungsorganen und Gremien angenommen wurde, und vor allem, wieso akzeptiert es der Arbeiter, daß die Norm, die der Leistungsfähigkeit seiner Maschine und seiner Arbeitskraft entspricht, ständig erhöht wird, um auf diese Weise seine physische und berufliche Kapazität zu überfordern? Selbstverständlich ist es die Partei, die diesen Prozeß vorschreibt! Die Partei, die die „erzieherische Tätigkeit" zur Überzeugung der Menschen von der Notwendigkeit des Wachstums mit der Unterdrückung eines jeden Protestes verbindet, bestimmt die aufblasbaren Arbeitsnormen. Der Arbeiter akzeptiert schließlich diese Arbeitsnormen, verliert jedoch sein Interesse für die korrekte Erfüllung seiner Produktionsaufgaben. So läßt es sich auch erklären, wieso im kommunistischen Produktionsprozeß gewöhnlich nur die mengenmäßigen Vorschriften der Wirtschaftspläne erfüllt werden. Denn das ständige Erhöhen der Arbeitsnormen bietet dem Arbeiter nur einen Ausweg, und zwar den bewußten Verzicht auf die Güte seines Produktes. Er kann beispielsweise auf seiner Drehbank nur etwa 100 Schrauben erster Güte täglich erzeugen. Wenn ihm nun vorgeschrieben wird, 120 Schrauben täglich zu erzeugen, so wird er das nur unter Verzicht auf ihre Qualität erreichen. Auf der höheren Ebene kommt es zu einem Einvernehmen aller Produktionsfaktoren, die gemeinsam die Erfüllung des inzwischen erhöhten Planes verantworten, so daß man die Augen schließen wird, um die schadhaften Schrauben nicht zu sehen.

Es gibt einen Scheinerfolg, der die Arbeiterschaft in den Ländern der kapitalistischen Produktionsweise zu blenden pflegt, nämlich das Verschwinden der Arbeitslosigkeit. Es ist angebracht, hier darauf hinzuweisen, daß dieses Phänomen im Kommunismus nicht verschwunden ist, sondern weiter existiert – entweder gegen den Willen der neuen Arbeitgeber oder als „Überzeugungsmittel" in ihren Händen, um die Masse der Arbeiter dem System der aufblasbaren

Arbeitsnorm unterzuordnen. Wiewohl das Recht auf Arbeit verbrieft ist, steht es nirgends geschrieben, daß diese Arbeit den beruflichen Voraussetzungen des Arbeiters zu entsprechen hat! Sollte sich ein Arbeiter der neuen Norm nicht stellen, sollte er sich nicht bemühen sie zu erfüllen, oder sollte er gegen solche Praktiken sich auflehnen, so wird er ohne zu zögern von seiner Drehbank wegbeordert und in einen anderen Arbeitssektor, z.B. in die Landwirtschaft, versetzt, wo sein Lohn merklich geringer sein wird und sich gleichzeitig auch die Arbeits- und Lebensbedingungen verschlechtern werden. Andererseits geschieht es sehr oft, daß die „mobilisierenden" Pläne, die von der Gruppe der Vertreter angeordnet werden, nicht allein aus dem Verschulden der Arbeitskraft nicht erfüllt werden können, sondern auch weil solche Pläne die übrigen Elemente des Produktionsprozesses nicht berücksichtigen: Die Kapazität der Werkzeugmaschinen, die Versorgungsmöglichkeiten mit Rohstoffen und anderen Materialien, den Mangel an solchen Materialien überhaupt, die ungenügenden energetischen Ressourcen usw. Unter solchen Bedingungen erscheint das Gespenst der Arbeitslosigkeit wieder. Der Arbeiter geht morgens um 6.00 Uhr in die Fabrik und beginnt auf elektrischen Strom, auf Rohstoffe, auf Ersatzteile, auf die Reparatur seiner eigenen Maschine usw. zu warten. Dieses Warten kann Stunden, Tage, Wochen dauern. In der Folge kann der Plan des betreffenden Monats nicht erfüllt werden und sein Lohn wird in entsprechendem Maße reduziert. Ist das nicht eigentlich auch eine Form der Teilarbeitslosigkeit?

So ergibt sich für uns eine erste Beobachtung: *Die Arbeitslosigkeit als solche verschwindet im Kommunismus nicht*, sie nimmt neue Formen an, die jedoch zum selben Ergebnis führen: zur Lohnverminderung des Arbeiters und zur Verschlechterung seines Lebensstandards.

Es gibt Leute, die meinen, daß unter solchen Bedingungen der Arbeiter die Möglichkeit hat, nach einem anderen Arbeitsplatz, der besser bezahlt wird, zu suchen. Irrtum! Selbst wenn man übersehen sollte, daß die aufblasbare Arbeitsnorm im gesamten kommunistischen Produktionssystem praktiziert wird, muß in Betracht gezogen werden, daß der Eigentümer aller Fabriken, ja aller Arbeitsplätze ein einziger ist. Und er wird dem Arbeitenden den Wechsel seines Arbeitsplatzes nur dann erlauben, wenn dieser Wechsel seinem Interesse als Arbeitgeber entspricht. Zu diesem Zweck hat er einen ganzen Komplex von Gesetzen und Verordnungen erlassen, die *den Arbeiter an seinen Arbeitsplatz binden*, so daß er diesen nur dann verlassen kann, wenn sein Arbeitgeber damit einverstanden ist.

Ohne dessen Zustimmung verliert der Arbeiter einen Teil seines Grundlohnes und einen Teil seines Jahresurlaubs, so daß er eigentlich gezwungen wird, die ganze Hierarchie des Produktionsprozesses von neuem zu erklimmen. Die teuflischen Normen in dieser Materie binden den Arbeiter endgültig an seinen Arbeitsplatz. Dazu braucht man nur im „Arbeitskodex" und in der dazugehörenden Gesetzgebung eines jeden kommunistischen Landes nachzulesen. Auf diese Weise bleibt dem Arbeiter nichts anderes übrig, als sich blindlings und ohne Widerspruch der „Arbeitsdisziplin" zu fügen.

Doch die Merkmale der Arbeit im Kommunismus beschränken sich nicht auf das oben Geschilderte!

Schon in der Volksschule wird den künftigen Arbeitern beigebracht in ihrer Freizeit oder an Festtagen *eine zusätzliche, nicht bezahlte Arbeit zu leisten*, damit sie später daran gewöhnt sind. So werden die Schüler beispielsweise fast an jedem Sonntag aufgerufen, bei der Instandhaltung von Parkanlagen mitzuwirken, Baumschulen oder Blumenbeete anzulegen, Heilpflanzen zu sammeln, die Schule zu säubern oder die Straßen zu kehren. Wenn sie dann größer werden, nehmen sie in organisierter Weise teil beim Einbringen der Ernte, beim Bau von wirtschaftlichen Objekten, z.B. Graben von Bewässerungskanälen, Bau von Wasserkraftwerken, wobei die Erntetätigkeit zu der am häufigsten der Jugend zugewiesenen Arbeit gehört. Da sie in der Regel fachlich nicht ausgebildet sind, werden Schüler, Studenten, junge Arbeiter in den meisten Fällen die schwersten Arbeiten ausführen. Wir haben bereits festgehalten, daß auch die übrigen sozialen Gruppen im Kommunismus der Arbeiterklasse angeglichen werden können und auch angeglichen werden. Auch diese werden dazu ,,erzogen" ihre freien, der Erholung dienenden Tage ,,aktiv" zu verbringen. Ganze Scharen von Lehrern, Angestellten, Sanitätsarbeitern nehmen periodisch an den sogenannten ,,erholsamen" Arbeiten teil, die nach Abschluß des Arbeitsprogrammes oder/und an Fest- und Erholungstagen veranstaltet werden. Dieses System der unbezahlten Arbeit wird durch die fast ständig eingerichteten und bereits bekannten ,,nationalen Baustellen" oder ,,Baustellen der Jugend" (die Variation betrifft den Titel, ohne eigentliche inhaltliche Bedeutung, da die Arbeitskraft gewöhnlich in gleicher Weise durcheinandergewürfelt ist) auf eine noch höhere Organisationsstufe gehoben, weil hier neben den saisonbedingten Arbeitsgruppen, die aus Studenten und Schülern in Ferien bestehen, sehr ,,lukrativ" die ständigen Gruppen arbeiten (die ,,Brigadiere"), deren Entlohnung sich auf einen Napf voll Essen, einen Arbeitskittel und Arbeitsschuhe beschränkt.

Es ist sogar überflüssig, hier anzuführen, daß diese ,,Baustellen der Jugend" nach paramilitärischen Regeln organisiert sind. Bedeutsam ist auch das Detail, daß nach etwa vier Monaten militärischen Drills (der Pflichtmilitärdienst dauert mindestens 18 Monate) die Soldaten in der Folge ihren Militärdienst mit der Schaufel als Waffe ausüben, indem sie an der ,,Errichtung" derselben wirtschaftlichen Objekte von ewig ,,höchster Bedeutung" arbeiten, daß der Arbeitstag dem ,,Licht-Tag", der Zeit vom Aufgang bis zum Untergang der Sonne entspricht. Ist damit das Bild von Maßnahmen zur Zwangsarbeit vollständig? – Nein, wir haben die Häftlinge aus den Strafanstalten und den Arbeitslagern vergessen.

Zwangsarbeit gibt es seitdem die Menschheit besteht. Der Sklave, der Leibeigene, der Arbeiter der Manufakturen und der ursprünglichen Fabriken – alle haben sie gekannt und haben sich gegen sie aufgelehnt. Der Kommunismus hat die Methode ,,übernommen", sie minutiös organisiert und auf eine höhere Stufe erhoben. Die geheime Geschichte der Revolution der Bolschewiki führt auch die unzähligen Eisenbahnzüge an, die mit Soldaten von der Front beladen, nach 1918, als der Friede geschlossen wurde, von ihrer normalen Route abgelenkt und auf Befehl von Trotzki in den Ural geschickt wurden, wo man die ehemaligen Soldaten zwang, die Stahlwerke des neuen kommunistischen Staats aufzubauen.

In seinem berühmten literarischen Werk vom Archipel Gulag unternimmt der russische Schriftsteller Alexander Solschenizyn eine tiefschürfende Untersuchung des sowjetischen Gefängnissystems, erklärt das Phänomen und unterstreicht seine politische Motivation, wobei der Autor selbst immer wieder verblüfft ist, angesichts der zahlreichen Beispiele von Menschen, die ohne jegliche politische Schuld in die kommunistischen ,,Umerziehungs"-Lager geworfen wurden. Doch über diese politische Motivation hatte die Gründung und Entwicklung des größten Netzes von Gefängnissen und Lagern in der ganzen Welt eine ökonomische Motivation. Geht man nämlich davon aus, daß mindestens 10 % der aktiven Bevölkerung im ,,Vaterland des Kommunismus" innerhalb des Gulag-Netzes arbeitet, berücksichtigt man dann weiterhin die bereits erwähnten Aspekte, so erscheint als wesentliches Merkmal der Arbeit im Kommunismus offensichtlich auch ihr Charakter als Zwangsarbeit, an der die Gesellschaft beteiligt wird – selbstverständlich mit Ausnahme der Gruppe der Vertreter, die als Nutznießer des gesamten Produktionssystems gilt. Die Arbeitslager, in denen alle mehr oder weniger ,,politischen" Häftlinge arbeiten, sind ein Charakteristikum des kommunistischen gesellschaftlichen Systems in allen Ländern, die vom Joch der kapitalistischen Ausbeutung befreit wurden.

Um das Bild abzurunden, sehen wir uns genötigt bei einem weiteren Problem zu verweilen, und zwar bei der Verteilung des Plusproduktes, das direkt oder indirekt von der Arbeiterklasse (also von etwa 80 % der Bevölkerung eines kommunistischen Landes) geschaffen wird.

Der ,,utopische" Traum des Marxismus war, daß dieser Reichtum denjenigen zukommt, die ihn geschaffen haben und nicht nur einer Minderheit von ausbeutenden Kapitalisten. Das war das höchste wirtschaftliche Ziel der proletarischen Revolution, ihr Sinn und ihre Begründung. Um diese Zielsetzung zu erreichen, wurde sie ,,gezwungen" die politische Macht zu erringen.

Wurde dieses Ziel erreicht? Erhalten 80 % der produktiven Gesellschaft neun Zehntel vom neugeschaffenen Wert? Verbleibt den ,,Nichtproduktiven" lediglich ein Zehntel vom Nationaleinkommen? Oder direkt ausgedrückt, wird dieses Plusprodukt unter allen Mitgliedern der ganzen Gesellschaft gerecht verteilt gemäß der Menge und der Qualität der Arbeit, die jeder zu ihrer Realisierung beiträgt? Wer in einer kommunistischen Gesellschaft lebt und arbeitet, weiß schon lange, daß so etwas nie vorgekommen ist. Denn im Hinblick auf die Verteilung des durch ihre Mitglieder erworbenen Reichtums unterscheidet sich die kommunistische Gesellschaft in keiner Weise von jeder anderen Gesellschaft bürgerlichen Typs! Hier gibt es eine dünne Schicht, die alle Reichtümer des Landes an sich reißt und im eigenen Interesse nutzt. Die Verfügungsgewalt über die Produktionsmittel, die durch die Ausbeutung der Arbeiterklasse erworbenen Reichtümer, werden auf die Nachkommen übertragen, genauso wie dies auch in den besitzenden Familien der bürgerlichen Gesellschaft geschieht.

Diese dünne Schicht – die ,,kommunistische Bourgeoisie" – die *alles* Eigentum besitzt und sich die Arbeitskraft unmittelbar unterordnet, eignet sich den größten Anteil am Sozialprodukt entweder unmittelbar an, indem sie sich die größten Einkommen und Vorteile sichert, oder mittelbar durch einen Komplex anderer Mittel wie Gesetze, Reglements, ,,mobilisierende" Pläne, die den Sinn haben, den Anteil der produktiven Bevölkerung ständig zu reduzieren und den Anteil der Gruppe der Vertreter entsprechend zu erhöhen. In der Folge haben diejenigen, die über die Produktionsmittel verfügen und die Produktion im Sinne ihrer allgemeinen und sofortigen Interessen organisieren, gegenüber der Arbeiterklasse dieselbe Haltung wie sie auch der Privatarbeitgeber hat. Mit Hilfe von Partei und Armee sichert die Gruppe der Vertreter das Funktionieren des Produktionssystems und vor allem die Verteilung der Ergebnisse dieser Produktion im eigenen Interesse. So gibt es denn auch in der kommunistischen Gesellschaft Familien, die über beträchtlichen privaten Besitz verfügen, die Villen im Gebirge oder außerhalb der Städte haben („Datschas"). Jagdgebiete, Yachten und Motorboote, die sich auch das Nötige für einen reichhaltigen Alltag aus einem Netz von Spezialkaufläden sichern, die über ständiges Dienstpersonal verfügen – von der Kammerzofe bis zum Chauffeur. Es sind Leute, die das Recht haben ins Ausland zu fahren, dort Urlaub zu machen oder sich dort Kleidung anzuschaffen, die mit der neuesten Mode Schritt hält.

Auch gibt es eine weitere Schicht mittleren Reichtums, ein sogenanntes „kommunistisches Kleinbürgertum". Zu dieser Schicht gehören die unmittelbaren und unerläßlichen Bediensteten der Gruppe der Vertreter, wie Ärzte, hochqualifizierte Forscher, namhafte Kunstschaffende, aber vor allem diejenigen, die es verstehen, die Schwächen des Wirtschaftssystems auszunutzen, um sich zusätzlich Einkommen zu sichern, das sind u.a. Kellner und Geschäftsführer von Einrichtungen der öffentlichen Versorgung, Verkäufer vor allem in Lebensmittelgeschäften, Geschäftsführer, die über Importwaren verfügen, auf Baustellen arbeiten usw., eine Reihe von Selbständigen wie Rechtsanwälte und Maler. Als Folge wirtschaftlicher und sozialer Zusammenhänge erfreut sich diese Schicht höherer Einkommen als der Rest der Bevölkerung und kann sich auf diese Weise ein Leben leisten, das von den Sorgen des Alltags nicht ständig bedroht ist, ja sogar manchmal ein hohes Niveau erreicht.

Wie in den meisten bürgerlichen Gesellschaften ist jedoch auch in der kommunistischen ein Großteil der Bevölkerung arm. Das sind die vielen, die in die engen Appartements der Einheitswohnblocks hineingepfercht werden, denen der Lohn nie reicht, um ihre elementaren Bedürfnisse zu befriedigen, die sich täglich in die öffentlichen Transportmittel drängen, die täglich in die Unternehmen und Institutionen gehen, diejenigen, die sich ständig um die Erfüllung der aufblasbaren Normen bemühen, die Überstunden leisten, welche nicht bezahlt werden. Das sind die vielen, die auch an freien Tagen arbeiten müssen oder jeden Herbst zur Maisernte geschickt werden; es sind diejenigen, die nach acht Stunden Arbeit sich in die Schlange an der Metzgerei stellen, die noch nicht geöffnet ist, und hoffen, sich mit Fleisch versorgen zu können. Es sind diejenigen, deren Arbeit ständig bemängelt wird, deren Einkommen reduziert und immer wieder beschnitten wird wegen der Nichterfüllung des monatlichen oder vierteljährlichen Planes, durch Beiträge zu verschiedenen Organisationen, die von einem Tag auf den anderen erfunden werden, durch Beteiligung an der Renten- oder Krankenversicherung usw. Die Armen sind die zahlenmäßig größte „Klasse" (übrigens die einzige, die es im Kommunismus gibt), sie haben keine andere Existenzgrundlage als ihren Lohn, der nie schritthalten kann mit der Inflationsrate und in der Folge noch weniger mit den ständig wachsenden Bedürfnissen des modernen Menschen. Das „Wachstum" der menschlichen Bedürfnisse ist ein Phänomen mit objektiven Voraussetzungen, die abhängig sind von der Vergrößerung der Familie, von Geburt, Ehe und Tod, vom Eintritt der Kinder in die Schule oder vom Besuch einer Universität, von der Erkrankung eines Familienmitglieds.

Vor allem aber ist es bestimmt von einer Reihe subjektiver Faktoren, die zusammengefaßt werden können unter der Formel „des unablässigen Strebens des Menschen besser und komfortabler zu leben, von seinem Drang nach Glück". Für die 80 % der Bevölkerung, die das Armenhaus des

Kommunismus füllen, bedeutet die Arbeit Hoffnung, den Quell eines hypothetischen Glücks. So fügen sie sich denn auch ohne Widerspruch jeder Art von Arbeit, die ihnen aufgedrängt wird. Für sie stellen Begriffe wie gekürzte Wochenarbeitszeit (mit freien Tagen samstags und sonntags) Acht-Stunden-Tag, Recht auf Urlaub (gleich ob es um den Kranken- oder um den Erholungsurlaub geht), sowie alle anderen Ideale, die in vielen kapitalistischen Ländern bereits Errungenschaften der Arbeiterklasse darstellen, nicht zu verwirklichende Ideale, bei denen man sich überhaupt nicht aufzuhalten hat!

Wenn wir nun von der Arbeit im Kommunismus reden, von denjenigen, die sie leisten, ist es absolut notwendig, auch bei der Rolle der Frau im kommunistischen Arbeitsprozeß zu verweilen, da die Frauen etwa die Hälfte der aktiven Arbeiterschaft bilden.

Wir haben das gut dokumentierte und überzeugende Plädoyer der Frau Mathilde Niel („Das Drama der Befreiung der Frau") über die Lage und die Zukunft der Frau in der modernen Gesellschaft gelesen und haben festgestellt, daß die Probleme der Frau sich in der kommunistischen Gesellschaft völlig anders darstellen. Hier „befreit" sich die Frau nolens-volens vom ehelichen Joch. Das ungenügende Einkommen des Ehemannes zwingt sie oft gegen den eigenen Willen selbst erwerbstätig zu sein, sich einen Beruf oder ein Handwerk zu wählen, dem sie den größten Teil ihrer Zeit widmet, währenddessen sie ihre ehelichen Aufgaben vernachlässigt bzw. einschränkt. Aufgrund ihrer Neigungen, aber auch mit Blick auf die Interessen der „Herrschaft", wird die Frau eine Arbeiterin, Angestellte, Intellektuelle. Die Bäuerin aber bleibt bei der Feldarbeit; denn die Bäuerinnen waren schon von jeher „emanzipierte" Frauen, die eine soziale Rolle erfüllt haben und zwar die wichtigste, nämlich die produktive. Sie blickt von oben herab auf die Mehrzahl der Frauen aus den nichtkommunistischen Ländern, die der Willkür ihrer Ehegatten in wirtschaftlicher und sozialer Hinsicht noch immer ausgesetzt sind.

Stimmt dies alles? Blickt tatsächlich die kommunistische Frau „von oben" auf die Hausfrau, die noch ein Spezifikum der Gesellschaften bürgerlichen Typs zu sein scheint? Wir zweifeln daran.

In unserer Sicht ist der Befreiungsprozeß der Frau in erster Reihe ein wirtschaftlicher Prozeß. Ohne einen entsprechend hohen Lebensstandard kann es sich keine Gesellschaft leisten, der Frau die reale Möglichkeit zur Emanzipation zu bieten. Insofern die Frau es akzeptiert, daß ihre spezifische Lebensweise in den Rahmen einer Familie gehört (was übrigens auch für den Mann gilt), kann ihre Emanzipation nur stattfinden, wenn sie ihre familiären Aufgaben mit jenen vereinbaren kann, die sie auf sozialer Ebene übernimmt. Wenn eine Frau acht Stunden außerhalb der Familie arbeitet, so setzt das für jede Frau voraus, daß sie in dieser Zeit in der Familie von jemand anderem ersetzt wird oder daß sie die Möglichkeit hat ihre familiären Aufgaben auch nach diesen acht Stunden wahrzunehmen. Selbstverständlich ist dies theoretisch realisierbar. Das Vorhandensein von Kinderkrippen, die uneingeschränkte Hilfe des Mannes, der einen Teil der von ihm vollziehbaren häuslichen Aufgaben übernimmt, die Möglichkeit, den eigenen Haushalt mit Apparaten zu versorgen, die den Arbeitsaufwand reduzieren, eine Fülle von Lebensmitteln und Fertigwaren, ein entwickeltes Netz von Dienstleistungen wie Kantinen, Wäschereien, Personal, das sich um die Reinigung oder um die Überwachung der Kinder kümmert und so fort, *aber auch* die niedrigen Kosten, die damit verbunden sind, ermöglichen es der Frau, in die Produktion einzutreten und durch ihre Tätigkeit dort sich möglicherweise ihres Selbstwertes bewußt zu werden.

Leider kann im Kommunismus von der realen Existenz dieser Voraussetzungen keine Rede sein. Die Zahl der Kinderkrippen reicht nicht aus, der Ehemann – selbst wenn er einen Teil der häuslichen Aufgaben übernehmen wollte – entspricht den Forderungen nicht, denn er kommt müde von der Arbeit, oder kann gar nicht zur rechten Zeit da sein, denn er muß auch an freien Tagen – einer Zeit, die den häuslichen Arbeiten zu widmen wäre – arbeiten. Es gibt keinerlei Fülle an Lebensmitteln, noch weniger eine Fülle an Fertigwaren – selbst die Beschaffung der Lebensmittel setzt voraus, daß jedes Mitglied der Familie viel Zeit und Energie dafür aufwendet. Die der Bevölkerung gebotenen Dienstleistungen sind sehr eingeschränkt, liegen weit unter dem Stand der Bedürfnisse und kosten viel. Darüber hinaus *zwingt* der Kommunismus die Frau in die Produktion einzutreten, überläßt es also nicht ihrer freien Entscheidung, ob sie will oder nicht. Er „zwingt" sie zur Emanzipation, wodurch die moralischen Aspekte der ganzen Problematik verlagert werden.

Wie immer wir die Arbeit der Frau im Kommunismus untersuchten, ob theoretisch oder praktisch, sie erscheint uns als Leidensweg. Es läßt sich ohne zu übertreiben behaupten, daß unter den Bedingungen, die der Arbeiterklasse zukommen, mindestens die Hälfte dieser Klasse sowohl in der sozialen als auch in der „familiären" Produktion tätig ist. Daher hat die Mehrzahl der Frauen in einer kommunistischen Gesellschaft Wünsche, die sich von den Wünschen der Frau in der bürgerlichen Gesellschaft völlig unterscheiden! Die kommunistische Frau träumt davon, *nur* im eigenen Heim tätig zu sein, sie würde gerne auf ihre soziale „Persönlichkeit" verzichten und wäre sehr glücklich, wenn man von ihr nichts anderes erwarten würde, als daß sie ihre Kinder erzieht und sich um ihre Familie kümmert! Beim Lesen des Buches von Frau Niel würde sie sehr gerne ihr eigenes Drama vorstellen, *das Drama der emanzipierten Frau*, die morgens um 4.00 Uhr aufsteht, um Zeit zu haben die Kinder in der Krippe abzuliefern oder sie für die Schule vorzubereiten, die um 6.00 Uhr morgens ihre Tagesschicht beginnt und sie dann traurig verläßt, weil sie ihre Norm nicht erfüllen konnte, obwohl sie sich keinen Augenblick von ihrer Maschine entfernt hat; der Frau, die eine Stunde lang auf ein öffentliches Verkehrsmittel wartet, dann noch eine Stunde oder mehrere Stunden Schlange steht, um irgendetwas an Lebensmitteln zu ergattern; der Frau, die an keinem Tag früher als um 10.00 Uhr ihr Heim erreicht (das Kind hat der Mann von der Kinderkrippe bereits nach Hause gebracht), um dann erst das Essen zuzubereiten, während dem ihr „Herr" sich im Badezimmer bemüht, Wäsche zu waschen; das Drama der Frau, die jeden Abend nach Mitternacht ins Bett kommt, um am nächsten Morgen zur selben Stunde, beim schrillen Läuten des Weckers, das Ganze wieder von vorne zu beginnen.

Verstehen wir uns richtig: Es geht uns nicht darum, die Idee der Frauenemanzipation zu widerlegen, nicht einmal darum, Zurückhaltung oder Zweifel anzumelden. Was wir nachzuweisen versuchen ist, daß es der Frau in der kommunistischen Gesellschaft nie möglich sein wird, sich in der Tat zu emanzipieren, weil sie versklavt und ausgebeutet wird wie sonst nirgends. Ihre wichtigste Eigenschaft ist eine billige Arbeitskraft zu sein und dies bedingt im Grunde ihr unglückliches Schicksal. Der Platz, den sie in der Gesellschaft erhält, wird von ihr viel zu teuer bezahlt, unter den gegebenen Umständen bedeutet ihre soziale Erfüllung meistens die Unmöglichkeit, sich auf familiärer oder emotionaler Ebene zu realisieren.

Die Emanzipation der Frau in der kommunistischen Gesellschaft ist eine leere Losung wie jede andere und findet keine Übereinstimmung im Alltag.

Wir können diese Analyse der Arbeitsgesetze im Kommunismus nicht abschließen, ohne auf ein Problem einzugehen, das von den Kritikern des Systems immer wieder angeführt wird: Die Arbeiterklasse wird des Streikrechts beraubt. Dieses Problem wurde oft und vielseitig erörtert, so daß wir nicht viel hinzuzufügen haben. Es ist offensichtlich, daß der Streik die Garantie und zugleich die beste Waffe der Arbeiterschaft bei der Verteidigung ihrer Rechte ist. Es ist ebenso offensichtlich, daß ohne dieses Recht der Arbeiter dem Arbeitgeber völlig ausgeliefert ist. So ist die Lage des Arbeiters im kommunistischen System. Das Recht auf Streik wird genau genommen auch in den meisten kapitalistischen Ländern nicht immer beachtet. Das Vetorecht des Präsidenten der USA, das jeden Streik abbrechen kann, ist bekannt, ebenso der staatliche Eingriff in Großbritannien, durch den der eine oder andere Streik „aufgrund von nationalen Interessen“ verboten werden kann. Aus dieser Sicht ist der Staat, als kommunistischer Arbeitgeber ebenfalls kein Original. Der spezifische Unterschied zwischen den beiden sozialen Systemen ist anderswo zu suchen: Der Kommunismus hat nicht nur das Recht auf Streik abgeschafft, er hat auch die Gewerkschaften als Organisatoren und Führer, als Foren zur Verteidigung der Interessen der Arbeiterklasse aufgelöst. Zwar hat der Kommunismus, ausgehend vom Gedanken, daß die Arbeiterklasse nicht gegen die eigenen Interessen streiken könnte (eine im Grunde richtige Begründung, wenn die Arbeiterklasse tatsächlich an der Führung der Gesellschaft stünde), das Recht auf Streik nicht gesetzlich vorgesehen, aber doch nicht so konsequent gehandelt, um der Arbeiterklasse auch das Recht auf Organisierung zu verwehren. Diesbezüglich war der kommunistische Arbeitgeber viel geschickter, viel „versöhnlicher“: er gestattete die Existenz der Gewerkschaften als solche, nur hat er sie unter seine Leitung gebracht. Auf diese Weise sind die Gewerkschaften eine Form ohne Inhalt geworden. Auf der sozialen Ebene der Produktionsorganisation und -führung haben sie keine Mitsprache und sind eigentlich nur dazu da, den Schein zu wahren und auf ihre Art zur Ausbeutung der Arbeiterklasse beizutragen, in dem sie ein zusätzliches Instrument zur Überwachung und Führung der Arbeiterklasse geworden sind. Der Gewerkschaftsapparat besteht aus Mitgliedern der Partei und so fügen sich denn auch die Gewerkschaften blindlings den Beschlüssen der Gruppe der Vertreter, selbst wenn diese die Interessen der Arbeiter in übelster Weise mit Füßen tritt. Die Rolle der Gewerkschaften ist, die Durchführung der Parteirichtlinien auf wirtschaftlicher Ebene zu unterstützen, insbesondere in der Produktion. In der kommunistischen Gesellschaft haben die Gewerkschaften als Repräsentanten der Arbeiterklasse weder Macht noch Befugnisse. Auf diese Weise, aber auch durch die Entziehung des Rechts auf Streik, verliert die Arbeiterklasse im kommunistischen System jede Möglichkeit sich gegen die Ungerechtigkeiten und die Ausbeutung durch den kommunistischen Arbeitgeber zu schützen. Die Ironie an der ganzen Sache ist übrigens, daß der Arbeiter darüber hinaus auch noch Beiträge an diese Gewerkschaften zahlt, die ihn in keiner Weise vertreten.

Die Schlüsse dieser kurzen Analyse dürften folgenderweise zusammengefaßt werden:

1. Die Arbeiterklasse wurde in der kommunistischen Gesellschaft nicht befreit – weder von der Ausbeutung noch von der Arbeitslosigkeit.
2. Im Vergleich zu der Arbeiterklasse, die von privaten Arbeitgebern ausgebeutet wird, widerfährt der Arbeiterklasse im Kommunismus ein höheres Ausbeutungsniveau.
3. Die *unbezahlte* Zwangsarbeit ist ein grundlegendes Merkmal des sozialen Arbeitssystems im Kommunismus.
4. Der kommunistische Arbeiter ist an seinen Arbeitsplatz gebunden und hat kein Kampfmittel, um seine Konditionen zu verbessern.
5. Die Frauen erfahren eine doppelte Ausbeutung, denn sie werden gezwungen in die gesellschaftliche Produktion einzutreten, gleichzeitig dürfen sie aber nicht ihre häuslichen Pflichten aufgeben oder vermindern.

Hier wollen wir eine Behauptung wiederholen, die uns jetzt begründet erscheint: Der Kommunismus ist ein wirtschaftliches und soziales System feudalen Typs, in dem die Ausbeutung des Menschen durch den Menschen einen höchstmöglichen Stand erreicht hat.

Die sozialen Beziehungen

Von Anbeginn unserer Untersuchung haben wir die kommunistische Gesellschaft beschrieben ohne darauf hinzuweisen, daß letztlich jede Gesellschaft (also auch die kommunistische, die so „verschieden" im Vergleich zu allen vorangehenden sein will) nichts anderes dargestellt als ein historisch bestimmtes System von gesellschaftlichen, wirtschaftlichen, politischen und rechtlichen Beziehungen.

Die marxistische Philosophie definiert die gesellschaftlichen Beziehungen als Beziehungen zwischen Menschen und sozialen Gruppen, die im Verlauf ihrer gemeinsamen materiellen und geistigen Tätigkeit entstehen. Da im Kommunismus die „gemeinsame Tätigkeit" der Individuen und Gruppen im Produktionsprozeß stattfindet, übernehmen wir ohne Einschränkungen auch den Zusatz, daß unter den gesellschaftlichen Beziehungen die Produktionsverhältnisse es sind, die letzten Endes alle anderen bedingen und dadurch das Qualitätsmerkmal des betreffenden historischen Gesellschaftstyps zum Ausdruck bringen.

Das Bild von der gesellschaftlichen Pyramide war jahrhundertelang so gültig, daß es Eingang in das Bewußtsein der Menschen gefunden hat.

Wenngleich die gesellschaftlichen Klassen im Kommunismus verschwunden sind, konnte die soziale Pyramide überleben, allein der Modus ihres Entstehens hat sich geändert. Bildeten bisher die Klassen die übereinandergeordneten gesellschaftlichen Schichten, so könnten wir im Kommunismus – angesichts der Tatsache, daß es nur durch ihre Arbeit und ihre soziale Tätigkeit differenzierte gesellschaftliche Gruppen gibt – die Schichten durch „Kugeln" oder Sphären ersetzen, die, übereinandergelegt, ebenfalls eine

Art von Pyramide bilden. Das von den Mitgliedern der betreffenden „Kugel“ durch ihre Tätigkeit erworbene Einkommen, der ihnen aus dem Staatseinkommen zugeteilte Anteil, stellt das einzige Kriterium dar, das die Pyramide formt. Um deutlich zu sein, wiederhole ich hier, daß die „Kugeln“ (mit einer Ausnahme) die Sozialproduktion nicht bestimmen, sondern sie auf die eine oder andere Weise, im einen oder anderen Bereich realisieren. Die so entstandene Pyramide bilden zahlreiche Kugeln an der Basis, während ihre Zahl der Spitze zu ständig abnimmt, weil dort die Einkommen immer größer werden.

Die Basis besteht aus gesellschaftlichen Gruppen, die für ihre Arbeit von der Gesellschaft keine oder sehr geringe Entlohnung erhalten. Sie erzeugt etwa 90 % des Bruttosozialproduktes und erhält dafür etwa 10 % des Nationaleinkommens.

Die hauptsächliche Entlohnungsform ist das Gehalt. Die erste „Kugel“ dieser Grundschicht bilden diejenigen, die für ihre Arbeit *keinerlei* Entlohnung erhalten: die Brigadiere auf den nationalen und Jugendbaustellen, die bei der Arbeit eingesetzten dienstpflichtigen Soldaten, alle Arten von Häftlingen. Durch den Bau der größten und wichtigsten Wirtschaftsobjekte wie Wasserkraftwerke, Hüttenwerke, Bewässerungsanlagen, Verkehrsstraßen, Gasleitungen, schiffbare Kanäle, Großunternehmen und Hafenanlagen leistet diese gesellschaftliche Gruppe die schwierigsten Arbeiten. Die „Brigadiere“ stellen den potentiellen Arbeitslosenfond dar, der von jedem Wirtschaftstyp ausgestoßen wird. Sie stammen von jenen, die keine Ausbildung haben oder ihre Herkunftsorte zumeist aus dem ländlichen Bereich in der Hoffnung verlassen, daß sie in den Städten ihre gesellschaftliche und wirtschaftliche Lage verbessern können. Aus der Masse der Brigadiere stammen die ständigen Arbeiter der verschiedenen Baustellen. Diese in ihrer Mehrzahl jugendlichen Brigadiere beginnen ihr Leben in der Produktion unter natürlichen und arbeitstechnischen Bedingungen, die für einen Arbeiter eigentlich unakzeptabel sind. Wer von ihnen sich anpaßt und durchhält, kann auf eine Beförderung hoffen und dadurch zum Gehaltsempfänger werden. Anfangs (und nicht für kurze Zeit) erhalten sie nur minderwertige Verköstigung und die notwendige Arbeitsbekleidung. Ihr Bestand wird regelmäßig und zeitweilig mit Schüler- und Studentenbrigaden vervollständigt, die für ihre Arbeit ebenfalls nur moralisch entlohnt werden, was bedeuten soll, daß – wenn einer sich der Arbeit fernhält oder sie verweigert – er dadurch seine Zukunft aufs Spiel setzt (nämlich den Abschluß seiner schulischen oder hochschulischen Studien, die Zuweisung einer schlechten oder von seinem Herkunftsort entfernten Arbeitsstelle usw.). Die dienstpflichtigen Soldaten leisten ihre Arbeit auf den nationalen Baustellen auf Befehl. Zu Beginn ihres Militärdienstes lernen sie – in höchstens sechs Monaten – sich unterzuordnen, jeden noch so absurden Befehl ohne Widerspruch durchzuführen. Wer dagegen aufmuckt, gelangt schon in dieser Phase vor ein Militärgericht, das ihn . . . auf eine nationale Baustelle schickt. Danach werden sie auf Baustellen, bei der Ernteeinbringung, beim Bau von Staudämmen oder Hafenanlagen eingesetzt – wo immer sich der Bedarf an Zwangsarbeit als notwendig erweist.

Nicht zuletzt bilden die Häftlinge die beständigste Arbeitskraft. Sie sind diejenigen, die am längsten die schwersten Arbeiten unter den schwierigsten Bedingungen zu leisten haben. Da die Arbeit dieser gesellschaftlichen Gruppe ihrem Volumen und ihrer Bedeutung nach sehr wichtig ist, und weil ihre Tätigkeit nicht entlohnt wird, entwickelt und schafft die Gruppe der Vertreter ständig die nötigen Voraussetzungen dafür, daß für „Nachschub“ gesorgt wird. Dies geht sogar soweit, daß Zahl und Zusammensetzung der nichtbezahlten Gruppe *planmäßig* vorgeschrieben wird und die „Planerfüllung“ hauptsächlich Sache des Kriegsministeriums (der Armee), des Innenministeriums (der Polizei) und des Justizministeriums (Gerichtsbarkeit und Haftanstalten) ist. Direkt oder indirekt sind jedoch auch die übrigen Staats„organe“ damit befaßt.

Es ist selbstverständlich, daß diese gesellschaftliche Gruppe ständig erneuert wird und sich ,,bei Kräften" hält, weil sie insbesondere aus Jugendlichen oder Abgehärteten besteht (wer bei den harten Arbeitsbedingungen angesichts der fehlenden medizinischen Assistenz nicht durchhält, stirbt) und eine der grundlegenden Arbeitskommandos der gesellschaftlichen Produktion darstellt.

Eine weitere gesellschaftliche Gruppe an der Pyramidenbasis ist die ,,Arbeiterklasse". Sie bildet die erste ,,Kugel", in der man sich einer Entlohnung der geleisteten Arbeit erfreut. Im Prinzip erhält jeder Arbeiter einen Grundlohn, wenn er seine Arbeitsnorm voll erfüllt, und einen Zusatzlohn, wenn er die Norm übererfüllt.

Das System ,,mobilisierender" Produktionspläne, die von Jahr zu Jahr und oft schon von Monat zu Monat wachsen und damit den aufblasbaren Normen zugrundeliegen, führt dazu, daß die Entlohnung eine stets fallende Tendenz aufweist. In Verbindung mit der steigenden Arbeitszeit durch Überstunden, Arbeit an freien oder Feiertagen, ,,freiwillige" Arbeit außerhalb des Unternehmens und mit der Inflationsrate wird der Lohn des Arbeiters immer weniger dem Wert der von ihm geleisteten Arbeit entsprechen. Sein Platz in der gesellschaftlichen Produktion, die Arbeitsbedingungen, seine Aussichten dürften damit deutlich werden.

Vergleichbar mit dem Bereich der Arbeiter ist auch die ,,Kugel", welche die Arbeiter mit höherer Qualifikation zusammenfaßt: Ingenieure, Techniker, Angestellte – die alle (mehr oder weniger) an die Arbeit in der Produktion gebunden sind und in derselben Weise entlohnt werden. Unterschiede macht eigentlich nur die Art ihrer Arbeit aus, da sie keine physische Arbeit leisten. Doch ihr Gehalt hängt in derselben Weise von der Planerfüllung in ihrer Produktionseinheit ab und unterliegt derselben fallenden Tendenz. Diese ,,Kugel" der ,,weißen Kragen" steht in unserer Sichtweise ebenso wie die der ,,blue collars" bei der Entlohnung unterhalb des geleisteten Wertes; das ist das Entscheidende, selbst wenn ihre Arbeitsbedingungen leichter sind.

Hier, an der Pyramidenbasis, finden wir auch die ,,Kugel'' mit den Angestellten und jene mit Leuten, die keinen unmittelbaren Bezug zum Produktionsprozeß haben: Lehrkörper, Kulturschaffende, Intellektuelle. Die Mitglieder dieser ,,Kugeln'' erhalten gewöhnlich ein festes Gehalt aus dem Staatsbudget, ohne die Möglichkeit es durch zusätzliche Gewinne aufzubessern. Dieses Gehalt ist kleiner als das der ,,weißen Kragen'' in der Produktion. Ihr Gehalt deckt die tatsächlich geleisteten Dienste nicht, und die Gruppe selbst weist eine Reduktionstendenz auf – infolge des niedrigen Einkommens ihrer Mitglieder und infolge der Ansicht der Gruppe der Vertreter, daß sie für das Wirtschaftssystem nicht unbedingt notwendig ist. Die letzte ,,Kugel'' auf dieser Ebene umfaßt schließlich die Überreste der ehemaligen Bauernklasse.

Die Bauern, denen der Sinn ihrer Existenz (der Boden) genommen und deren Zahl reduziert wurde, verlassen bereits in jungen Jahren das Elternhaus, um auf Baustellen oder in Fabriken zu arbeiten und so ,,Arbeiter'' zu werden. Meistens können sie jedoch ihre eingeschränkte Wirtschaft nicht völlig aufgeben und hinterlassen dort Eltern, Frauen, Kinder. So kommt es, daß die aktive Bevölkerung in der Landwirtschaft vor allem aus Frauen, Alten, Kindern und Behinderten besteht. Sie alle werden gezwungen die Felder zu bearbeiten, doch ihre Arbeitsleistung ist sehr niedrig, was sich auch in ihrem Einkommen niederschlägt.

Durch Vereinheitlichung der kleinen Produktionsflächen versuchte der Kommunismus die Landwirtschaft zu ,,industrialisieren''. Wie die Industrie, wurde auch sie zentralisiert und mechanisiert und auf billiger Arbeitskraft aufgebaut. Doch die Zentralisierung der Produktion führt sowohl auf quantitativer als auch auf qualitativer Ebene zu keinen zufriedenstellenden Ergebnissen. Die Abschaffung der persönlichen Initiative und die Vereinheitlichung der Arbeitsmethoden führt auch in diesem Sektor zu Mängeln. Die Mechanisierung ist ungenügend und bleibt hinter den Bedürfnissen zurück. Seit Jahrzehnten wird eine zu geringe Zahl von Traktoren und sonstigen landwirtschaftlichen Geräten geplant, nach dem Motto, daß durch die intensive Ausnutzung die ungenügende Menge ausgeglichen werden könnte, die sogenannte „Rentabilisierung" der Produktion. Dabei werden selbstverständlich die hohen Herstellkosten solcher Maschinen, die Kosten ihrer Instandhaltung, der Ersatzteile, des Kraftstoffes in Betracht gezogen, mit der Konsequenz, daß der kommunistische Planer zum Schluß gelangt, daß durch eine höhere Mechanisierung die landwirtschaftliche Produktion viel zu teuer käme. Die Folge davon ist, daß der permanente Mangel an Ersatzteilen, an Kraftstoff, an einer genügenden Zahl von Traktoren und landwirtschaftlichen Geräten chronisch wird. Die Lasten werden auf die menschliche Arbeitskraft abgewälzt, um die Löcher zu stopfen und das Fehlen der Agrarmaschinen zu ersetzen.

Neben den Frauen, Alten und Kindern leben auf dem Lande auch Bauern, die als Arbeiter bei den (staatlichen – d.Ü.) Maschinen- und Traktorenstationen angestellt sind. Diese Schicht bildet eine Einheit industriellen Typs, die von einem Chef und einem ihm unterstellten Apparat geleitet wird und nach einem Produktionsplan aufgebaut ist. Es gibt zwei Arten von landwirtschaftlichen Einheiten: die staatlichen landwirtschaftlichen Unternehmen und jene genossenschaftlichen Typs. Im Hinblick auf die Produktionsbeziehungen gibt es zwischen den beiden Arten keine strukturellen Unterschiede. Die Bauern – gleichgültig ob sie in der Genossenschaft oder bei einem staatlichen landwirtschaftlichen Unternehmen arbeiten – erhalten ein minimales Entgelt, das ihre Arbeit keinesfalls in vollem Maße entlohnt und das, wie der Lohn des Industriearbeiters, eine fallende Tendenz hat.

Es stimmt zwar, daß jeder Familie auf dem Lande eine kleine Bodenfläche zugeteilt wird, und daß die von ihr geernteten Erzeugnisse ausschließlich ihr zugutekommen. Doch diese Fläche ist sehr klein, der Bauer wird gezwungen bestimmte landwirtschaftliche Erzeugnisse anzubauen und bestimmte Tiere zu züchten – beides in vom Staat vorgeschriebenen, beschränkten Mengen, um jedem „Bereicherungsprozeß" vorzubeugen. Mittelbar oder unmittelbar (bestimmte Industrieprodukte, Werkzeuge, Baustoffe muß der Bauer mit Naturalien bezahlen, weil sie ihm sonst nicht zugänglich sind) sichert sich der kommunistische Staat auch von diesen kleinen Flächen, die den „privaten Haushalt" jeder Bauernfamilie darstellen, seinen Anteil.

Vom Einkommen her erfreut sich also der Bauer im Vergleich zu den Mitgliedern der übrigen aufgeführten „Kugeln" keiner besseren Lage. Mit den üblichen Ausnahmen arbeiten die Bauern unter schweren Bedingungen (normale Arbeitszeit = Licht-Tag, d.h. vom Sonnenaufgang bis Sonnenuntergang – d.Ü.) und für eine sehr kleine, fast schon symbolische Entlohnung. Hierin sind die wahren Gründe des ständigen Mangels an Lebensmitteln zu suchen, des periodischen Einsatzes von Städtern auf dem Lande – der Schüler, Studenten, Soldaten, Angestellten, die an „landwirtschaftlichen Kampagnen" teilnehmen müssen, überhaupt der Notwendigkeit, Getreide und Lebensmittel aus Ländern einzuführen, in denen das „kleine private Eigentum" eine viel höhere Leistungsfähigkeit als die Kollektivformen aufweist.

Kehren wir jedoch zu unserer „Kugel" zurück, in der die Bauern als „Verbündete der Arbeiterklasse" eingeordnet sind. Wir stellen fest, daß ihre Mitglieder ebenso schlecht leben wie ihre Brüder, die Arbeiter in der Stadt, und daß sie denselben wirtschaftlichen Bedingungen ausgesetzt sind.

Das kleine Gehalt ist ein Merkmal eines jeden kommunistischen Landes, das von dieser Basis der Gesellschaftspyramide geprägt wird. Vergleicht man nun die Grundschicht von „Kugeln" mit denen, die darübergelegt werden, so stellt man fest: Gebildet werden diese von einer viel geringeren Zahl von Mitgliedern, die sich eher wie ein Häufchen auf der großflächigen Basis ausnimmt.

Neue „Kugel"-Schichten mit immer weniger Mitgliedern folgen, es sind die gesellschaftlichen Gruppen, deren Mitglieder ein vergleichsweise höheres Einkommen haben, bedingt durch die Art oder den Ort ihrer Arbeit, die ihnen ein zusätzliches Einkommen neben ihrem Lohn/Gehalt ermöglicht. Meistens entgehen diese Einnahmen der staatlichen Kontrolle und bleiben daher – mehr oder weniger – *illegal*. Allein die „Kugeln" dieser zweiten Schicht der gesellschaftlichen Pyramide verdienten eine eigene soziale Untersuchung, derart „reich" und vielfältig sind die gesellschaftlichen Beziehungen auf dieser Ebene. Wir führen hier nur die hauptsächlichen Formen dieser zusätzlichen Einnahmen auf:

1. Das „Bakschisch" als hauptsächliche und am weitesten verbreitete Form der zusätzlichen Einnahme erhalten regelmäßig:

- Verkäufer und Geschäftsführer von Lebensmittelläden (insbesondere von Fleischwarenläden),
- Kellner, Friseure und Friseusen, Kfz-Mechaniker und -Lackierer, Fernsehreparateure usw.,
- Ärzte (vor allem Frauen- und Zahnärzte, Chirurgen),
- Rechtsanwälte
- Lehrer und Professoren (für die Versetzung der Schüler oder für ihre Zulassung in die Mittel- und Hochschulen).

2. Der Diebstahl – wird auf allen Ebenen, insbesondere im Handel „gepflegt" (beim Wägen, bei der Abrechnung, offen und heimlich usw.).

3. Verschiedenes: Beispiele – Schauspieler haben sog. „Mitarbeiten" außerhalb des eigenen Theaters; Interpreten von Volks- und Unterhaltungsmusik spielen bei Hochzeiten, Taufen, Festveranstaltungen usw. gegen gutes Honorar auf; Maler und Bildhauer stellen „Kunstwerke" her und verkaufen sie selbst (was vom Staat kriminalisiert wird!); Professoren geben Schülern „Nachhilfestunden" gegen Bezahlung, um ihnen bei der Aufnahmeprüfung in die Hochschulen „unter die Arme zu greifen"; selbst die Kleingewerbetreibenden erhalten eine über die offiziellen Tarife hinausgehende Bezahlung. Solche Einnahmen werden als illegal

betrachtet und daher von den staatlichen Kontrollorganen geahndet. Nur: auch hier haben die Betroffenen einen Ausweg über die Bestechung gefunden – um die Wachsamkeit der ,,Organe" einzulullen.

4. Die Bestechung – wird allen Kontrollorganen ,,angeboten" und von ihnen angenommen: Finanz- und Wirtschaftsprüfer, Polizeibeamte, Staatsanwälte, Richter (mit einem Wort, alle Leute, die die Erwerbung zusätzlicher Einnahmen einschränken oder verhindern könnten). Es ist eine weitere eigenartige ,,Kugel", deren Mitglieder eine unterschiedlich große, zusätzliche Einnahme auf diese Weise erzielen – für eine Arbeit, die sie eigentlich nicht leisten.

Auf dieser zweiten Stufe der sozialen Pyramide finden wir also einen Teil der kommunistischen Gesellschaft, der durch seine Position und die Art seiner Arbeit die Möglichkeit hat, ein zusätzliches Einkommen für eine ungewisse Zeit einzuheimsen, wodurch er sich von den gesellschaftlichen Gruppen an der Pyramidenbasis eindeutig unterscheidet. Es ist hervorzuheben, daß nicht alle diejenigen, die im öffentlichen Dienst tätig sind, also nicht alle Ärzte oder Rechtsanwälte usw. über zusätzliche Einnahmen verfügen. Doch wer solche Einnahmen erzielen kann, erreicht oft ein Einkommensniveau, das ihn in die Nähe der Pyramidenspitze hievt. Andererseits verbleiben diejenigen, die ein solches Einkommen erzielen, nur selten längere Zeit in der betreffenden Position, denn der Staat bemüht sich sie auszuschalten, um selber an die Einnahmequellen heranzukommen. Solche Gruppen erweisen sich als heterogen und befinden sich in ständiger ,,Erneuerung": Die einen kommen, die anderen gehen.

Auf der dritten Pyramidenstufe spürt man bereits die rare und ,,reine" Höhenluft. Die Mitglieder der hierzu gehörenden gesellschaftlichen Gruppen erfreuen sich einer wesentlich höheren Entlohnung, die zu einem ,,dicken" Gehalt (etwa 30 % größer als die bisher erwähnten Einkommen), aufgerundet wird. Zu dieser ,,Kugel" gehören die

Einpeitscher des Wirtschaftssystems, deren unmittelbare Aufgabe es ist, sich ausschließlich darum zu kümmern, daß die anderen ihre Arbeit leisten. Es ist die ,,Kugel'', die alle (kleineren oder größeren) *Chefs* der kommunistischen Hierarchie umfaßt: Chefs von Produktionseinheiten, Werkstätten, Abteilungen, Büros, Departements. Es sind die Leute, die in der Produktion stecken, doch nie selbst etwas produzieren. Diese Chef-Gruppe spielt eine außerordentliche Rolle im Produktionssystem und erhält für ihre Leistungen von der Gruppe der Vertreter eine höhere Entlohnung. Da solche Einnahmen ,,legal'' sind, bedeuten sie selbstverständlich kein Risiko für den Nutznießer, so daß die Zusammensetzung dieser Gruppe viel sicherer und konstanter ist. In diese Gruppe gelangt man schwer, ist man jedoch einmal drin, so verläßt man sie nicht. Denn die Mitglieder dieser Gruppe tragen auf ihren Schultern die ,,Verantwortung'' für die Produktion und – wenn diese zufriedenstellend realisiert wird – beziehen Prämien und Vorteile, die eigentlich die anderen verdient hätten.

Recht haben immer nur die Chefs. Selbst wenn die Klage eines Arbeiters offensichtlich gerechtfertigt ist, wird sie abgewiesen, wenn sie von seinem Chef nicht akzeptiert wird. Diese ,,Kugel'' umfaßt also eine Schicht von Parasiten, die vom Schweiße der tatsächlichen Erzeuger der Produktion lebt, ohne die jedoch die eigentlichen Erzeuger ihre Arbeit nicht in Übereinstimmung mit den Forderungen des spezifischen Ausbeutungssystems leisten würden.

Eine weitere Gruppe auf dieser Ebene besteht aus den höheren Beamten der zentralen Institutionen und Ministerien, die ebenfalls ,,dicke'' Gehälter und Vergütungen erhalten. Diese Beamten üben die Über-Kontrolle der Produktion und der Unternehmen aus, schlüsseln die Zahlen der zentralen Pläne auf und zentralisieren die Produktionsdaten. Ein überzentralisiertes Wirtschaftssystem wie das kommunistische kann auf die Existenz einer solchen Gruppe nicht verzichten, betrachtet sie als eine Bedingung ihres Erfolges. Auf dieser Ebene finden wir dann abschließend eine weitere

„Kugel" mit Leuten, die Führungsfunktionen in kleineren Wirtschaftseinheiten von lokalem Ausmaß innehaben – wie Vorsitzende von landwirtschaftlichen Produktionsgenossenschaften, Leiter und Personal der Bürgermeisterämter, Mitglieder des Verwaltungsapparates der ländlichen Territorialeinheiten: Leute, die Tag für Tag dafür sorgen, daß der wirtschaftliche und produktive Prozeß zufriedenstellend abgewickelt wird. Es sind die „kleinen Fische" der Macht, deren Aufgabe es ist, sie durch ihre Kleinarbeit zu stützen.

Und damit haben wir das vierte Obergeschoß der Pyramide erreicht. Hier verkehren die „Leute von Welt" mit beträchtlichem Einkommen und „verantwortlichen" Positionen. Es sind die Direktoren von Großunternehmen, Industriezentralen, zentralen Institutionen, staatlichen Landwirtschaftsunternehmen, die Direktoren der Direktionen in den Ministerien,die Abgeordneten des Parlaments, die Diplomaten, die „Kader" der Sicherheitsbehörden, die Führungskader in Armee und Polizei, und *last but not least* die Parteifunktionäre.

Da diese Gruppe am „exponiertesten" ist, gewinnen viele den Eindruck, daß ihre Mitglieder die führende „Klasse" (die „Klasse der Direktoren") bilden würden. Doch dieser Eindruck entspricht keinesfalls der Wirklichkeit. Es entstehen auf dieser Ebene viele Entscheidungen, die der Wirtschaft und dem sozialen Leben auferlegt werden. Die Leute hier oben besitzen oft soviel Macht, daß sie über das Schicksal von Wirtschaftseinheiten oder -zweigen, also auch von gesellschaftlichen Gruppen entscheiden können. Doch dieser Gruppe fehlt der Zugang zum Wesentlichen: sie besitzt nicht die Macht, um den Produktionsprozeß in seiner Gesamtheit – auf Landesebene – zu organisieren und zu koordinieren. Sie ordnet sich also der Gruppe der Vertreter unter, die als Alleineigentümer aller Produktionsmittel diese Funktion *ausschließlich für sich* vorbehält – als Garantie ihrer Macht und ihres Fortbestehens. Die Direktoren sind berufen, die Prinzipien und Richtlinien der Organisierung wie sie „oben“ beschlossen wurden, in den von ihnen geleiteten Bereichen durchzuführen. Die Parteifunktionäre und die Organe des Innenministeriums haben dieselbe Aufgabe, nur sind ihre Methoden andere.

Nicht die Direktoren bilden die „herrschende Klasse“ in der kommunistischen Gesellschaft. Sie sind jedoch die ersten, die die Anordnungen der wahren „herrschenden“ Klasse, der Gruppe der Vertreter, durchzuführen haben. Auf ihrer Ebene bilden die Direktoren eine Art Stoßdämpfer zwischen der Gruppe der Vertreter und dem Rest der Gesellschaft (ebenso wie die Chef-Gruppe die Stoßdämpfer zwischen der Direktoren-Gruppe und der Arbeiterklasse bildet). Hinzuzufügen ist noch, daß die Einwohner des vierten Obergeschosses über sehr große Einkommen verfügen und ein ganzes System von weiteren Vorteilen genießen, was ihren Lebensstandard weit über den der niedrigeren Schichten steigen läßt.

Die Spitze der Pyramide besteht aus einer einzigen „Kugel“, in der die wichtigste gesellschaftliche Gruppe des kommunistischen Systems zusammengefaßt ist. Die Mitglieder dieser Gruppe *haben die Macht inne*, sie entscheiden über Gegenwart und Zukunft der ganzen Gesellschaft, sie sind die einzigen Eigentümer aller Güter innerhalb der Grenzen des Landes, sie sind die Nutznießer der von der ganzen Gesellschaft geleisteten Arbeit. Aus methodologischen Gründen haben wir diese als „Gruppe der Vertreter“ bezeichnet. Die Wahrheit ist jedoch, daß sie eigentlich niemanden vertreten. *Sie repräsentieren nur sich selbst.* Der Zugang zur Spitze ist extrem eingeschränkt, so daß wir fast geneigt sind, ihn für unmöglich zu halten. Diese Spitze bildete sich sofort nach dem Sieg der Revolution und konsolidierte sich nach wenigen Jahren des Machtkampfes. Die Gruppe stellt etwa 0,0025 % der Bevölkerung dar und wird in der Regel von einem „obersten“ Chef auf Lebenszeit geführt. Ihr sind alle anderen gesellschaftlichen Gruppen untergeordnet, beginnend mit der „Direktoren-Klasse“ bis hin zur Armee. Die Innen- und Außenpolitik eines kommunistischen Staates wird nur auf der Ebene dieser Gruppe gemacht. So erweist sich die Gruppe der Vertreter als äußerst aktiv, wenn es um Maßnahmen geht, die den von der gesellschaftlichen Produktion geschaffenen Mehrwert einbringen sollen. Gleichzeitig wird darüber gewacht, daß Sicherheit gegenüber den Feinden von außen und innen (von den ersten drei Pyramidenstufen = 80 % der Bevölkerung, um es zahlenmäßig auszudrücken) besteht. Die Gruppe der Vertreter wiegt sich nicht in Illusionen, sie weiß, daß ihre Position in totalem Gegensatz zu den Interessen der anderen Gesellschaftsschichten steht. Um sie im Zaum zu halten und vor allem um sie im eigenen Interesse arbeiten zu lassen, erläßt sie Gesetze und Verordnungen, über deren Einhaltung der Parteiapparat, die Gruppe der Direktoren und Chefs, die Sicherheitsorgane, die Polizei und (bei Bedarf) die Armee wachen.

Die von der Gruppe der Vertreter ergangenen Befehle haben militärischen Charakter – sie stehen nicht zur Diskussion, sie werden ausgeführt! Selbst wenn sie im Widerspruch zu früheren Verordnungen stehen, werden sie ohne Zögern ausgeführt. Ihre blinde Ausführung bedeutet oft riesige materielle Verluste, nicht wiedergutzumachende Opfer an Zeit und Arbeitskraft. Ihrer Durchführung steht dies alles nicht im Weg. Nach einer bestimmten Zeitspanne wird das Absurde der „Maßnahme" selbst für den letzten „Apparatschik" deutlich. Die nunmehr falschen Maßnahmen werden unter den Teppich gekehrt und vergessen.

Es geht aber auch anders: um die Gruppe der Vertreter nicht zu verärgern, führen die Direktoren die Verordnung nur formell aus. Unternehmen werden miteinander verschmolzen, andere aufgelöst, „Werktätige" in andere Sektoren oder Arbeitsplätze versetzt. Der betreffende Sektor/Bereich erhält ein neues Gesicht, darunter bleibt alles beim Alten.

Das ist eigentlich die Grundformel der berühmt-berüchtigten, quasi-periodischen „Umorganisierungen", von denen man sich die Aufbesserung der unzulänglichen Produktionsergebnisse erhofft.

Untersucht man die Zusammensetzung dieser „Kugel“, so findet man hier nur die Mitglieder des Zentralkommitees der Partei, von denen manche (als Minister, Berater) auch Funktionen im Staatsapparat innehaben. Auch hier gibt es eine gewisse Hierarchie: an der Spitze steht das Politbüro, dessen äußerst enger Kreis das eigentliche Hirn der Gruppe darstellt. Hier werden die tatsächlichen Entscheidungen/Maßnahmen getroffen und die geheiligten Verordnungen erlassen. Um ganz präzise zu sein, müssen wir darauf hinweisen, daß es selbst hier eine Spitze der Spitze gibt, den Chef des Clans. Im Gegensatz zu der unermüdlich verbreiteten Selbstdarstellung einer jeden kommunistischen Partei, sie würde auf allen Ebenen kollektiv geleitet, zeigen Realität und historische Entwicklung, daß in den an die Macht gelangten kommunistischen Parteien die Endentscheidung immer von einem allein getroffen wird: vom Parteichef. Die übrigen – gleich ob sie Mitglieder des Politbüros, des Zentralkomitees oder des Ministerrates sind – halten nur Bestätigungsfunktionen inne. Aus diesem Grunde ähnelt auch die Geschichte von kommunistischen Parteien der Geschichte großer Kaiserreiche, aus der wir zunächst erfahren, was und in welcher Lage der Kaiser beschlossen hat und nur nebenbei, was sonst noch passiert ist.

Mit der Zeit erhält (genauer: schafft sich) der Parteichef eine solche Autorität, daß seine Person und seine Ideen von einer schon göttlichen Aureole gekrönt scheinen. Es kommt zu dem nach Stalins Tode so genannten . . . und bekämpften „Kult der Persönlichkeit“. Der Terminus wurde zwar „vergessen“, doch der Kult lebt weiter. Mit Ausnahme von zwei oder drei kommunistischen Ländern in Europa, in denen historische und geographische Bedingungen zu Verschleierungen geführt haben, wie in der Tschechoslowakei, Ungarn und Polen, ist er weiterhin auf der Tagesordnung in der kommunistischen Welt.

Gehen wir nun von diesem Profil der kommunistischen Gesellschaft aus, das sich in einem langwierigen Prozeß herausgebildet hat und von Persönlichkeiten wie Lenin und

Stalin geformt wurde, um die Analyse zu vertiefen und die hauptsächlichen zwischenmenschlichen Beziehungen vorzustellen, die zwischen den Mitgliedern dieser Gesellschaft in ihrer gemeinsamen materiellen und geistigen Tätigkeit entstehen:

1. Zentralisierung und Unterordnung

Die Gruppe der Vertreter prägt dem gesamten gesellschaftlichen Produktionsprozeß, aber auch dem sozialen Leben überhaupt das Prinzip der totalen Zentralisierung der Gesellschaft auf. Es ergibt sich daraus, daß in der kommunistischen Gesellschaft nach Gesetzen und Verordnungen gelebt und gearbeitet wird, die von der Gruppe der Vertreter vorgezeichnet und durchgesetzt werden. Diese Gesetze und Verordnungen regeln das Leben eines *jeden* Bewohners des Landes. Begriffe wie Wahrheit, Recht und Gleichberechtigung erhalten Sinn und Bedeutung, wie sie von der Gruppe der Vertreter gewünscht werden (einen, wie sie sagen, „Klassencharakter“). Die Gruppe der Vertreter regelt in Übereinstimmung mit ihren Interessen die Produktionsweise, wirtschaftliche und soziale Prioritäten, die Arbeitsordnung, Pflichten und Aufgaben eines jeden, der produktiv arbeitet – vom Brigadier bis zum Direktor. Die Gruppe der Vertreter sorgt zugleich dafür, daß das Leben der Mitglieder der Gesellschaft auch außerhalb der Arbeitszeit „geordnet“ verläuft. Die Gesamtheit der aktiven Lebensstunden des Einzelnen wird auf diese Weise von einer großen Zahl von Einschränkungen gelenkt, so daß man ruhig behaupten kann, das soziale Leben stehe im Zeichen des Wortes „Verboten“. Einige Beispiele: ein Leben außerhalb der Familie ist fast unmöglich. Es gibt eine Zölibat-Steuer, die „wilde Ehe“ ist verboten und unter Strafe gestellt. Als „amoralisch“ eingestufte Spiele – z.B. Kartenspiele – werden bekämpft. Anhören ausländischer Rundfunksendungen, Versammlungen und parteikritische Diskussionen sind strafbar. Es ist verboten, jegliche Art von Gegenständen außerhalb der vom Staat kontrollierten Kaufläden zu kaufen oder zu verkaufen oder sich allgemeinnützliche Gegenstände aus dem Ausland zu besorgen. Hohe Zollgebühren werden eingeheimst, die gewöhnlich dem Anschaffungspreis entsprechen. Beim Ankauf/Verkauf von Sachen höheren Wertes (Häuser, Autos) werden Gebühren abverlangt; jede Art von privater Handelstätigkeit oder -initiative ist im Grunde gesetzeswidrig.

Diese übertriebene Zentralisierung der Produktion und des gesellschaftlichen Lebens setzt die schrankenlose Unterordnung aller Mitglieder der Gesellschaft unter die Verordnungen und Normen, die von der Gruppe der Vertreter festgelegt werden. Im Produktionssystem wird diese Unterordnung von Chefs und Direktoren durchgesetzt, in der Gesamtheit des gesellschaftlichen Lebens von den Organen des Innenministeriums und dem Parteiapparat. In der Produktion geschieht die Aufteilung der Werktätigen auf Arbeitsgruppen, Brigaden, Abteilungen, Einheiten dergestalt, daß der Chef die Arbeit eines jeden tatsächlich überwachen kann. Es gilt ein Grundprinzip: „ein Mann – ein Chef". Selbst in der untersten Arbeitseinheit (Brigade, Büro) entstehen Hierarchien, die diese Unterordnung gewährleisten. So sorgt jeder Chef dafür, daß er sich zwei–drei Helfer heranzieht, denen er Vergünstigungen gewährt, damit sie einen Teil der Aufgaben des Chefs übernehmen. Die Methoden der Unterordnung sind sehr verschieden und gehen bis zur Erniedrigung des einzelnen durch Beschimpfung oder Beleidigung, bzw. bis zur Anwendung sogenannter „administrativer" Maßnahmen (wie Gehaltskürzung, Rückstufung, Versetzung von Widerspenstigen auf einen schlechteren Arbeitsplatz, Entlassung aus der betreffenden Einheit).

Eine solche Unterordnung fordert eine *permanente Kontrolle* – ihr dient ein spezieller Apparat. In der UdSSR gibt es beispielsweise für die etwa 50 000 Industrieunternehmen mit rund 132 Millionen Arbeitern und Angestellten einen Kontrollapparat mit insgesamt ca. 10 Millionen Inspektoren!

Auch außerhalb der Produktionstätigkeit ist die Gesellschaft zur Durchsetzung von Unterordnung organisiert. Wir haben bereits angedeutet, daß selbst die Wohn- und Lebensbedingungen eine solche „Organisationsform" darstellen. Dies geht soweit, daß jeder Wohnblock ein eigenes Komitee hat, ja selbst die Appartements eines Stiegenhauses unterstehen einem „Verantwortlichen". Diese Mitglieder von Wohnblockkomitees und die Stiegenhaus-Verantwortlichen sind die tief in das Wohnblockleben eindringenden „Antennen" der Polizei, sie liefern die über das Privatleben eines jeden Einwohners gewünschten Informationen. Desweiteren gibt es auch Straßenkomitees, die dieselbe Rolle erfüllen. Solche „Komitees" finden sich überall: in Schulen, Universitäten, Institutionen und Unternehmen. Kaum ein Lebensbereich entgeht der „Organisierung", damit seine Mitglieder kontrolliert und unterordnet werden können.

Als allgemeine Regel gilt, daß nur was den Interessen der Gruppe der Vertreter nicht widerspricht, „legal" ist und keine strafbare Handlung darstellt (am besten paßt in dieses Konzept das deutsche Wort „verboten", das das gesellschaftliche Leben im kommunistischen System am besten kennzeichnet. Wir neigen dazu, weitere Beispiele anzuführen. Wir beschränken uns aber auf eins:
Eines Tages vernehmen friedliche Bürger, daß ein Gesetz „herausgekommen" ist, „zur Veröffentlichung gelangte", das sich der „Förderung der landwirtschaftlichen Produktion und besseren Versorgung des Lebensmittelmarktes", also der Hebung des Volkswohlstandes dient.

Die unmittelbare Folge: alle bebaubaren Flächen (auch in den Städten) werden mit . . . Gemüse bepflanzt. Nun verschwinden Parkanlagen, öffentliche Gärten, private Gärten, ja selbst die Blumen! Kurz: es ist „verboten" Blumen zu ziehen!

Werden sich die Menschen unterordnen? Werden sie ihre Blumenbeete zerstören, die sie vorher angelegt haben? Selbstverständlich werden sie!

2. Effektiver Arbeitsmangel

Ein französischer Arbeitgeberführer machte bei einem Besuch in der Sowjetunion eine Beobachtung: der Mangel an Arbeit als allgemeine Erscheinung in der kommunistischen Produktion.

Der französische ,,Patron" hatte recht: Die natürlichste Art des kommunistischen Arbeiters auf die aufblasbare Norm zu reagieren, ist, auf ihre Erfüllung zu verzichten. Doch er muß zugleich auch seinen Arbeitsplatz bewahren, sich also so verhalten, daß seine Chefs die Unterlassung nicht bemerken. Und daher tut er so, als würde er für die Realisierung der Produktion, für die Erfüllung der Norm arbeiten – in der Tat tut er nur das Notwendigste oder sogar weniger.

Da ihre Entlohnung in gleichem Maße von der Erfüllung eines Planes abhängt und die Erfüllung eine automatische Erhöhung nach sich zieht, gleiten die Chefs ihrerseits fast schon unwillkürlich in dasselbe Fahrwasser. Diese passive Haltung der Produzenten gegenüber ihrer Arbeit erreicht ein Ausmaß, das nur mit dem Verhalten der Leibeigenen auf dem Gut ihres Herrn vergleichbar ist. Übrigens, eine weitere Ähnlichkeit zwischen den kommunistischen und feudalen Produktionsverhältnissen.

Dieses Verhalten nimmt vielfältige Formen an, je nach den herrschenden Bedingungen, nach der Phantasie der Arbeitenden, nach mangelnder Wachsamkeit der Bewacher. Die Tendenz ergreift jedoch eine ganze Gesellschaft, in der die aufblasbare Norm vorherrscht. Das fehlende Interesse auf Seiten des Produzenten ist zwar in den verschiedenen Bereichen unterschiedlich, doch überall vorhanden. Wir liegen bestimmt nicht falsch mit der Behauptung, daß sich diese Produktionsweise durch einen – wenngleich versteckten – *allgemeinen und ständigen Streik* kennzeichnen läßt. Jeder Produzent sucht mit allen Mitteln den Druck der progressiven Ausbeutung zu lindern, ist er sich doch bewußt, daß ihm die ehrliche Arbeit nichts einbringt. So wird er nie die Leistungfähigkeit seiner Maschine maximal ausnutzen und auch nicht während der gesamten Arbeitszeit voll durcharbeiten, sondern immer wieder Mittel und Wege finden, um keine Höchstleistungen zu erbringen. Direktes (durch Einlegen von Feierschichten) und indirektes Bummeln (Rauchen, Zeitunglesen, unendliche Plaudereien mit den Arbeitskollegen) gehören zu seinen ständigen und unbändigen Neigungen.

In dieser Hinsicht wird ein versteckter, dafür aber um so unerbittlicherer Krieg zwischen der Gruppe der Vertreter und dem Rest der Gesellschaft geführt. Die Reaktion des Sklaven hat der Herr bereits seit langem entdeckt und bemüht sich unaufhörlich sie zu unterbinden. Leider greift er jedoch nicht zu wirtschaftlichen Maßnahmen, zu einer größeren Mitinteressiertheit des Arbeiters, sondern ausschließlich zu administrativen Mitteln – zu „erzieherischen und mobilisierenden" Sitzungen, zu „Wettbewerbsaufrufen" (die Produktionstätigkeit wird einem sportlichen Wettbewerb angeglichen), zur stetigen Wiederholung nichtüberzeugender Losungen, vor allem aber zur Repression: zur Verschärfung der Kontrolle und zu Umorganisierungen. Direktoren und Überwacher werden ausgewechselt, selten kommt es auch zu „wirtschaftlichen" Maßnahmen.

Ein Gesetz, das bereits da ist, aber vergessen wurde, wird erlassen, zum Beispiel über die „Wirtschaftsverträge". Doch auch solche Verträge gelangen früher oder später in den Papierkorb. Aus dem einfachen Grund, daß ihre Existenz die Erhöhung der „Planaufgaben" der Unternehmen hemmen könnte – eine Ausrede, um sich gegen die Planerhöhung zu wehren, würden doch die zusätzlichen Planziffern unter Umständen die Erfüllung der vertraglich eingegangenen Verpflichtungen verhindern. Verträge werden demnach nur im Rahmen des Möglichen abgeschlossen und erfüllt. Die Schiedsgerichte, die über die Nichteinhaltung vertraglicher Verpflichtungen zu befinden haben, sprechen Strafen und Geldstrafen aus (ohne Bedeutung für den gemeinsamen Eigentümer der streitenden Unternehmen) und alles geht unverändert weiter.

Ein anderes Mal führt die Gruppe der Vertreter ein neues, vermeintlich gerechteres Entlohnungssystem ein: ein „globales Akkordsystem", dessen Sinn darin liegt, daß es nicht mehr reicht, wenn ein einzelner Arbeiter seine Norm erfüllt. Die ganze Gruppe, zu der er gehört, muß die Norm erfüllen, damit der einzelne seinen Lohn erhält. Auf diese Weise kann auch der Arbeiter, der seine Norm erfüllt hat, mit dem Abzug eines Prozentsatzes von seinem Lohn bestraft werden. So sieht er sich in die Lage versetzt, nach Erfüllung seiner Norm dem Kollegen zu helfen, der es nicht geschafft hat, also zusätzlich zu arbeiten. Doch selbst wenn die Gruppe ihre vorgeschriebene Norm erfüllt, erhält sie noch immer nicht ihren ganzen Lohn, sollte die Abteilung, zu der sie gehört, sie nicht insgesamt realisiert haben. Der Zentralplan ist bis zur letzten Einheit, bis auf den letzten Arbeiter aufgeschlüsselt.

Das Ergebnis widerspricht dann jedoch den Erwartungen: die Gruppen, Abteilungen, die ganze Einheit erfüllen den Plan auf dem . . . Papier. Auf der Ebene des einzelnen Produzenten verändert sich dadurch nichts, doch der Arbeitsmangel wird verallgemeinert und somit zu einem charakteristischen Merkmal. Ein letztes Beispiel: Die technische Kontrolle eines Traktorenwerkes in der Ukraine „übersah" technische Mängel verschiedener Produkte, damit der „mobilisierende" Plan nicht gefährdet wird. Das in dieses Drama implizierte zuständige Ministerium sah daraufhin eine „zugelassene" Ausschußmenge vor: 5 %. Kurz gefaßt: bei 100 erzeugten Traktoren sind 5 unbrauchbare „legal"!

3. Diebstahl

Im Kommunismus muß alles, was einen eigenen Wert besitzt Eigentum der Gruppe der Vertreter sein. Die Gruppe der Vertreter ist Eigentümer aller Produktionsmittel, des Bodens, der Bodenschätze, aller Transportmittel, des gesamten Handelsnetzes und nichtzuletzt der Arbeitskraft. Kein Kapitalist hat je ein solches Vermögen akkumuliert! Es ist das, was unter der Bezeichnung ,,sozialistisches Eigentum" bekannt ist, eine Eigentumsform, die etwa 99 % aller vorhandenen materiellen Güter ,,abdeckt" Der Rest ist ,,Privateigentum" der einfachen Bürger. Die Gruppe der Vertreter besitzt also die Mehrheit des gesellschaftlichen Eigentums und der Rest der Gesellschaft das, was übrigbleibt. . .

Auf dieser Grundlage entsteht die allgemeine Tendenz, sich ,,sozialistisches" Eigentum anzueignen – bei jenen, die es nicht besitzen. Diese ,,Aneignung" wird im allgemeinen auf allen Ebenen der Gesellschaft praktiziert, und zwar von allen ihren Mitgliedern. *Diebstahl ist ein gesellschaftliches Phänomen.* Diese Neigung geht bereits so weit, daß sie selbst die Gruppe der Vertreter erreicht hat – bekannt ist der Fall eines ehemaligen Außenministers der UdSSR, der Geschäfte mit der Ausfuhr von Kaviar in Sardinendosen mitgetragen hat. Die ,,Losung", unter der der einfache Mann sorglos stiehlt, wurde von den Ungarn erfunden: ,,Man kann gar nicht soviel stehlen, daß man mit dem Staat Schritt hält!" Die Devise bedeutet eine Art Wiedergutmachung der menschlichen Ausbeutung, welcher der einfache Mann ausgesetzt ist.

Zu betonen ist natürlich, daß nicht alle Mitglieder der Gesellschaft stehlen. Es gibt Menschen, die durch die Art ihrer Tätigkeit nichts stehlen können oder deren Erzeugnisse nicht allgemein gebraucht werden. Sie sind die wahrhaft ,,ehrlichen" Bürger des kommunistischen Staates. Wer jedoch an seinem Arbeitsplatz irgend etwas erzeugt, das gebraucht wird und weiterverkauft werden kann, der eignet sich einen Teil dieser Güter an – in geringerem oder größerem Maße, öfter oder seltener, geschickter oder einfältiger: aber er tut es! Der Diebstahl nimmt zahllose und vielfältige Formen an. Ein besonders ausgeklügeltes Beispiel: die Direktoren stehlen eigentlich auch – durch die falschen Berichte über die Planerfolge. Aufgrund dieser Falschmeldungen erhalten sie nämlich ihre Prämien und persönlichen Entgelte, wodurch ihnen zusätzliche Einnahmen unrechtmäßig zukommen. So erklärte mir einmal ein Direktor, für ihn gelte ein Oberbuchhalter nur dann als geschickt, wenn es ihm gelingt, eine rosarote Bilanz bei Nichtrealisierung der Planziffern zu erstellen. Das Problem wird auf den Kopf gestellt, Ursache und Wirkung werden miteinander verwechselt, um die Nichterfüllung des Planes zu vertuschen, was nicht immer gelingt. Das System ist derart allgemein eingeführt, daß an manchem Jahresende, wenn die Bilanz gezogen wird, die bis dahin heitere Gruppe der Vertreter feststellen muß, daß ganze Wirtschaftszweige ihr Plansoll nicht einbringen können. Der Minister fliegt, ihm folgen eventuell einige Direktoren – und alles geht, wie gehabt, weiter. So meldete 1983 das sowjetische Usbekistan eine Baumwollproduktion von rund 6 Millionen Tonnen. In Wirklichkeit beschränkte sie sich auf lediglich 76 000 Tonnen. Der Mechanismus des „Irrtums" arbeitete so: Jeder Kolchos erschien bei der Sammelstelle mit einer Baumwollmenge unter der vorgeschriebenen Quote. Durch Zahlung des Gegenwertes der nicht gelieferten Menge und des üblichen Schmiergeldes erhielt jeder Kolchos eine Bescheinigung, daß die legal vorgeschriebene Quote abgeliefert wurde. Die Beamten der Sammelstelle steckten das Geld in die eigene Tasche, der Gesamtbericht wurde aufgrund der von ihnen ausgestellten Bescheinigungen erstellt. Bei der Zusammenzählung kam man auf die 6 Millionen Tonnen fiktiver Baumwolle.

Polizei, Staatsanwaltschaft, Gerichte führen einen ständigen Kampf gegen diese Erscheinung, doch bei allen löblichen Erfolgen bleibt das Phänomen so verbreitet, daß es nicht ausgemerzt werden kann.

Generationen von Geschäftsführern und Verwaltern wechseln einander ab, die meisten beenden ihre Laufbahn im Gefängnis, doch der Diebstahl aus dem anvertrauten Geschäftsbereich verschwindet als typisches gesellschaftliches Phänomen der kommunistischen Gesellschaft keineswegs. Die Erscheinung ist so tiefgreifend, daß beispielsweise die Polizei sich nicht mehr um die Aufrechterhaltung von Ordnung und um den Schutz des Eigentums und der Sicherheit des einfachen Bürgers kümmern kann, ganz einfach, weil sie keine Zeit dafür hat. Nach einem halben Jahrhundert Kommunismus, der ,,Erziehung" und Indoktrination der Massen, des ständigen Einsatzes für die Beseitigung der ,,bürgerlichen" Überreste aus dem Bewußtsein der Menschen, wurden die Strafprozesse nicht seltener, im Gegenteil, ihre Zahl ist ins Unermeßliche gewachsen. Wenn der Dieb in den Gesellschaften bürgerlichen Typs *wohl häufiger ein Gelegenheitstäter* ist, in unterschiedlichen Zeitabschnitten und unter bestimmten Bedingungen stiehlt, so stiehlt der Dieb im Kommunismus *ständig*, Tag für Tag, über Jahre hinweg, und seine Aufmerksamkeit gilt einer unvergleichlich breiteren Palette von Gegenständen, die unter den gegebenen Umständen fehlen und daher einen höheren Selbstwert haben: Kfz-Ersatzteile, Ersatzteile für Fernseher oder Rundfunkgeräte, eingeführte Arzneimittel, Baumaterialien, Nahrungsmittel. Versuchen Sie sich mal die ,,Tätigkeit" einer Verkäuferin in einem Lebensmittelladen vorzustellen, die täglich etwa zwei Kilo Mehl an etwa 300 Tagen im Jahr entwendet.

Neben dem Phänomen, das wir als ,,Arbeitsmangel" dargestellt haben, werden die gesellschaftlichen Beziehungen im Kommunismus – seiner Bedeutung und seinem Ausmaß nach – vom Diebstahl beherrscht. Beide erscheinen als Verteidigungsreaktionen der täglich Unterdrückten und Ausgebeuteten. Selbst die Begriffsbestimmung erscheint verändert, weil die meisten, die stehlen, sich dessen gar nicht mehr bewußt sind, so selbstverständlich wirkt ihre Tätigkeit unter den gegebenen Umständen. Es ist soweit gekommen, daß im sozialen Bewußtsein *Nicht-Stehlen* als Zeichen geistiger oder moralischer Schwäche betrachtet wird, so daß ein solcher ,,Täter" mit unverblümter Verachtung traktiert wird. Der gegebene Zustand dauert an und wird als solcher akzeptiert, als etwas Unvermeidliches, das mit dem ,,sozialistischen Eigentum" zugleich auftaucht und dann fortbesteht.

4. Die Vetternwirtschaft

In einem Gesellschaftssystem, in dem sich die Gruppe der Vertreter aufgrund persönlicher oder familiärer Beziehungen „fortpflanzt“, ist es selbstverständlich, daß die soziale Hierarchie im Sinne desselben Prinzips aufgebaut wird und fortbesteht. Das System der „Empfehlungen“, der Protektion, der Vetternwirtschaft ist so weitverbreitet, daß es praktisch keinen Bereich des öffentlichen Lebens gibt, wo es nicht wirkt. Von seiner Geburt bis zum Tode sucht der einfache Mann nach einer „Empfehlung“, nach einer Protektion, unaufhörlich bemüht, seine Alltagsprobleme auf diese Weise zu lösen.

Die Vetternwirtschaft wird vor allem dann praktiziert, wenn jemand die Sozialleiter erklimmen will. In einer solchen Lage sucht man zunächst nach einem „Gönner“, nach einer Protektion. Dies hilft in jeder Lebenslage weiter: wenn man einen besser entlohnten Arbeitsplatz sucht; um bei der Aufnahmeprüfung in eine Schule oder Hochschule Erfolg zu haben; um den Sohn vom Militärdienst zu befreien oder zumindest um einen Aufschub zu erzielen (ein lebenswichtiges Problem, wenn man überlegt, unter welchen Bedingungen der Militärdienst abgewickelt wird); um einen Telefonanschluß genehmigt zu bekommen; um ein Auto rascher zugeteilt zu bekommen (übliche Wartezeit: drei Jahre nach Hinterlegung des Gegenwertes); um operiert zu werden (schwierigere Fälle werden hier nicht angesprochen); um ein Import-Medikament zu erhalten; um in einer Audienz empfangen zu werden (von der die Zukunft abhängen kann). Was kann man überhaupt ohne Beziehungen erreichen? „Empfehlungen“, ohne die nichts geht, bezieht man von Verwandten, die in den höheren „Kugeln“ angesiedelt sind, bzw. durch Mittelspersonen oder gegen Geld von „einflußreichen“ Personen. Das System funktioniert reibungslos, was schon dadurch bewiesen wird, daß es eine Vielzahl von Personen aus der unmittelbaren Umgebung der wichtige Positionen bekleidenden Leute gibt, die ständig und profitbringend eine Vermittlertätigkeit ausüben. Auf diese Weise bekommt der Antragsteller seinen „Gönner“ nie zu Gesicht, der zwar eine wichtige Person ist, eigentlich aber kein Risiko eingehen will. So händigt er der Mittelsperson die geforderte Summe (ohne zu feilschen!) aus und bereits nach kurzer Zeit wird er zum Verwaltungs„organ“ geschickt, der seinen Fall zu klären hat. Je nach Gewichtigkeit der Empfehlung zahlt er dann auch hier (oder auch nicht) entsprechendes Schmiergeld. Zufrieden ist er jedenfalls, denn ohne die betreffende Empfehlung wäre er an die Stelle, die sein Anliegen erledigt, gar nicht herangekommen. Solche Praktiken sind althergebracht und seit Jahrhunderten bekannt. Der Kommunismus hat lediglich ihre Verfeinerung ermöglicht, denn im kommunistischen System ist ein gesellschaftlicher Aufstieg dem Wesen nach nicht gestattet und die vielfältigen Hemmnisse können nur auf diesem Wege beseitigt werden.

Die Gruppe der Vertreter verfährt nach einem Beförderungssystem, das vor allem den Gehorsam der „Kader“ im Auge behält. Die übrigen Eigenschaften sind nebensächlich. So braucht ein Direktor nicht die ganze Hierarchieleiter des Unternehmens zu erklimmen, in dem er ernannt wird (wie dies im kapitalistischen Wirtschaftssystem gehandhabt wird). Dies ist unerwünscht, wird gar abgelehnt, weil dies den Betreffenden negativ beeinflussen könnte. Ein Spezialist, der den Produktionsprozeß in dem Unternehmen, das er leitet, eingehend kennt, könnte sich eines Tages einer von oben verordneten Maßnahme oder einer künstlichen Planerhöhung widersetzen. Kennt er jedoch die Probleme seines Unternehmens nur oberflächlich, so wird er nie dazu neigen, höhere Verordnungen in Frage zu stellen – weil er ganz einfach nicht weiß, ob sie realistisch sind oder nicht. Andererseits wird ein solcher Direktor (der Typ ist für das kommunistische Wirtschaftssystem allgemeingültig) auch nicht dulden, daß seine Untergebenen Einspruch erheben, sondern die von oben angewiesenen Anordnungen als geheiligt weitergeben und durchsetzen. Unerfahren in den Angelegenheiten seines Unternehmens, wird er die ihm zugespielten Informationen – vor allem wenn es um Denunziation und Klatsch geht – äußerst sensibel behandeln. In der Folge wird er nicht diejenigen fördern, deren Tätigkeit für die Produktion wertvoll ist, sondern Leute, die ihm schmeicheln, die ihn über die Tätigkeit anderer informieren, um ihre „Vertrauenswürdigkeit" unter Beweis zu stellen.

Auf diese Weise bildet sich im Verlauf der Jahre in allen Wirtschafts- und Lebensbereichen eine auf Gehorsam und implizierte Unfähigkeit aufgebaute Hierarchie heraus. Geleitet vom Prinzip, daß „die Parteitätigkeit das Wesentliche ist", muß sich der Parteifunktionär in allen Bereichen auskennen, überall Spezialist sein, wo ihn die Partei arbeiten (lies: „führen") läßt. Die Gruppe der Vertreter fördert bewußt Halbwissen und berufliche Inkompetenz, gepaart mit Gehorsam und Überwachungseigenschaften. Lassen Sie uns diese Ausführungen mit den Worten Zdenek Mlynars (ehemaliges Mitglied des Zentralkomitees der Kommunistischen Partei der Tschechoslowakei) belegen: „Der ideale Menschentyp für das sowjetische System ist eine gehorsame Person, die Befehle und Anordnungen durchführt, jedoch keine Initiative und Verantwortung zeigt".

Vor diesem Hintergrund, zeigen viele Leute entsprechende Eigenschaften und als logische Folge blüht die Vetternwirtschaft. Doch die in den höher angesiedelten „Kugeln" der Gesellschaft praktizierte „Empfehlungsindustrie" würde nie ihren Stempel auf die Gesamtheit der sozialen Beziehungen gelegt haben können, wenn sie sich auf den „sozialen Aufstieg" beschränkt hätte. Wie erwähnt, verbreitet sich dieses System auf allen Ebenen der Gesellschaft und drückt besonders schwer auf die Pyramidenbasis. In seiner Beziehung zu den Verwaltungsbehörden (im Rathaus, beim Finanzamt usw.) sucht sich der einfache Mann zunächst eine Beziehung, die ihm eine Empfehlung verschaffen kann. Findet er keine, so läuft er Gefahr, sein Anliegen nicht lösen zu können oder viel Freizeit und Energie für eine Lösung aufzuwenden. Eine vorausgehende Empfehlung braucht man überall: um standesamtliche Akten zu erwerben oder zu verändern (z.B. Geburtsurkunde oder Totenschein); um im Krankheitsfall in ein Krankenhaus eingeliefert zu werden; um eine bessere ärztliche Betreuung zu bekommen; um die Rente rechtzeitig zu erhalten usw. Nicht anders geht es zu in Reparaturwerkstätten für Kraftfahrzeuge, Fernseh- oder Rundfunkgeräte, bei der Beschaffung von Lebensmitteln oder sonstigen Mangelwaren. Mit Hilfe einer Empfehlung wird der ,,Antragsteller" bedient (sonst wird er abgelehnt) oder besser und rascher bedient, selbstverständlich gibt er *Bakschisch*. Die Empfehlung befreit ihn davon nicht, im Gegenteil, sie ist die Gewähr, daß der ,,Bittsteller", der eine Ware oder Dienstleistung wünscht, auch zusätzlich zahlen wird!

Neben der sozialen Ungleichheit, die durch die ungerechte Verteilung des Nationaleinkommens auf die verschiedenen Gruppen der Gesellschaft zustandekommt, gibt es durch die Vetternwirtschaft eine zweite, parallele Entwicklung, die dazu führt, daß die einen ständige und exklusive Nutznießer aller Vorteile sind, während die anderen das Nachsehen haben. Kommt es dann ,,zufällig" so, daß die Nutznießer des Systems immer in den Reihen der Parteifunktionäre, Staatsbeamten, Direktoren und Chefs zu finden sind, so ist dies eine natürliche Entwicklung in diesem System.

Lassen Sie uns einige Schlüsse ziehen, indem wir einen Vergleich zu den gesellschaftlichen Beziehungen in der bürgerlichen ,,Welt" anstellen. In erster Linie stellen wir fest, daß die Grundlage der Produktionsverhältnisse einen gemeinsamen Nenner aufweist: die Ausbeutung der Arbeitskraft. Der Unterschied besteht darin, daß im Kommunismus diese Ausbeutung einen zentralgelenkten Charakter hat. Die Ausbeutung der Arbeitskraft wirkt viel tiefgreifender. Da sie nicht von einer Klasse, sondern von einer kleinen Gruppe ohne soziale Basis ,,gepflegt" wird, ist die Ausbeutung im Kommunismus die Folge einer ,,Arbeitsdisziplin", die mit repressiven Mitteln durchgeführt wird. Ein weiterer Unterschied zum kapitalistischen Gesellschaftstyp ist hierbei, daß das Arbeitskräftepotential im Kommunismus über keine Mittel verfügt, um gegen die Ausbeutung anzukämpfen und sie zu verringern.

Beim Vergleich mit den „bürgerlichen" gesellschaftlichen Verhältnissen ist weiterhin festzustellen, daß die sozialen Beziehungen im kommunistischen System – außer jenen im Rahmen des Produktionsprozesses – einen viel kleineren Umfang aufweisen, da sie weitgehend und systematisch eingeschränkt werden. Der „Kapitalismus" kann in diesem Bereich die Illusion völliger Freiheit gewähren und nur dann einschreiten, wenn tatsächlich Strafbares vorliegt. Der einfache Mann kann daher alles tun: Handel treiben, sich unterhalten, reisen, an politischen Kundgebungen teilnehmen, öffentlichen Versammlungen beiwohnen, verbal oder schriftlich die Regierung kritisieren. Er wird in seinem sozialen Tun erst dann gestoppt, wenn er für den bürgerlichen Staat wahrhaft gefährlich wird. Auch der kommunistische Staat greift erst ein, wenn Strafbares vorliegt, doch deckt dieser Begriff hier einen viel weiteren Bereich der gesellschaftlichen Beziehungen ab. Die Zahl der Handlungen, die als strafbar gelten und demnach verboten sind, ist viel größer und betrifft in breiterem Maße das Leben des Einzelnen. Der kommunistische Staat nimmt grundsätzlich eine ablehnende Position gegenüber sozialen Beziehungen ein, die den Fortgang der Produktion behindern oder behindern könnten. So „schafft" er Voraussetzungen dafür, daß die Menschen keine hinreichende Freiheit und Freizeit zur Verfügung haben, um auch noch an etwas anderes zu denken als sich zu erholen und ihre Arbeitskraft zu regenerieren. Der ständige Mangel an Lebensmitteln, an ausreichenden öffentlichen Transportmitteln und ebenso das System der zusätzlichen Arbeitsstunden (auch an freien Tagen) tun ein übriges. Außerhalb der Produktion konzentrieren die Menschen ihre Anstrengungen somit auf harmlose Beschäftigungen, da ihre Zeit kaum reicht, um sich vollständig zu erholen und den Produktionsrhythmus durchzustehen.

Durch die vielen Einschränkungen zeigt der kommunistische Staat, daß er nicht bereit ist zu warten, bis die Menschen ihm gegenüber in Konfliktsituationen geraten. Die auf die Produktionsverhältnisse bezogenen kommunistischen Sozialtheorien können mit Fug und Recht behaupten, daß die kommunistischen Produktionsverhältnisse sich „aufgrund der bewußten Tätigkeit der Gesellschaft unaufhörlich vervollkommnen" (wenn man statt „Gesellschaft" richtig „Gruppe der Vertreter" liest). Übrigens: Die Produktionsverhältnisse sind die Grundlage auch der übrigen sozialen Beziehungen, nicht nur der kommunistischen.

„Die objektive Tendenz einiger Bereiche der Produktionsverhältnisse, hinter der Entwicklung der Arbeitskräfte zurückbleiben, hat nur partiellen und vorübergehenden Charakter und führt zu keinen sozialen Konflikten, da es keine gesellschaftlichen Klassen gibt, die an der Erhaltung veralteter Wirtschaftsformen Interesse hätten. Zwischen Arbeiterklasse und Bauernschaft können keine antagonistischen Widersprüche auftreten, und die nichtantagonistischen werden durch die von der Partei und Staat ergriffenen Maßnahmen bewußt gelöst."

„Antagonistische" Widersprüche könnten im Kommunismus nur zwischen der Gesellschaft in ihrer Gesamtheit und der Gruppe der Vertreter auftreten. Doch die Gruppe der Vertreter richtet ihr ständiges Augenmerk auf das „Studium" und die rechtzeitige „Aufdeckung" der „nichtantagonistischen" Widersprüche, damit diese nicht zu „antagonistischen" werden können und sich die Beziehungen in allen Lebensbereichen „vervollkommnen" können. Sie sorgt also dafür, daß die bestehenden sozialen Beziehungen sich keinesfalls zu einer Beziehung entwickeln, die ihre Position als „herrschende" Klasse gefährden könnte.

Die Gruppe der Vertreter ist – im Vergleich zum Kapitalismus, zur herrschenden bürgerlichen Klasse – weniger zahlreich (sie ist eigentlich keine Klasse). Aber sie übt eine vielseitige Kontrolle des gesellschaftlichen Lebens aus, erweitert ihre Macht viel wirksamer auf den Produktionsprozeß und hält den einzelnen auch in seinem privaten Leben unter vollkommener Aufsicht – um der Möglichkeit vorzubeugen, daß der einzelne im Bündnis mit den anderen der Gruppe der Vertreter gefährlich wird.

Der einzelne verliert im Kommunismus viel mehr von seiner Freiheit als im Kapitalismus, was nicht aufgrund irgendeines „objektiven" Gesetzes geschieht, sondern als Willensäußerung der Gruppe der Vertreter gegenüber der Gesellschaft zu verstehen ist. Um ihre Macht zu erhalten, beugt sie jeder Freizügigkeit vor, die die Mitglieder der Gesellschaft von der Kontrolle befreien könnte. Die gesellschaftlichen Beziehungen sind gekennzeichnet durch den Kampf gegensätzlicher Interessen zwischen Gesellschaft und Gruppe der Vertreter.

Die Gruppe der Vertreter will die Ausbeutung ständig intensivieren und einen möglichst hohen Anteil am Mehrprodukt realisieren, der Rest der Gesellschaft versucht sich der Ausbeutung zu entziehen und sich in größerem Maße an der Verteilung des Sozialprodukts zu beteiligen. Hierin ist der „antagonistische" Widerspruch zu suchen, der jedoch zu keiner sozialen Explosion führen kann, weil wir es mit dem totalitären System der Gruppe der Vertreter zu tun haben. So äußert sich der Widerspruch als ein „nichtantagonistischer" und erhält neue, spezifische Formen mit ausgeprägtem sozialen Charakter: z.B. Einlegen von Feierschichten und Diebstahl. Der kommunistische Staat kämpft mit allen Mitteln für die Vorbeugung und Ausschaltung dieses Widerspruchs, doch die Ergebnisse sind so geringfügig, daß man sich schon fragen muß, ob der Widerspruch tatsächlich so „nichtantagonistisch" ist, wie man vorgibt.

Im Kommunismus werden die Menschen an jeglicher individualistischen Äußerung gehindert, sie dürfen keine eigene Meinung haben, denn dies wird mit größter Konsequenz unterbunden. Auch fehlt dem Menschen jede Möglichkeit „anders" zu leben, sich den Gesetzen des Kommunismus zu entziehen und so bemächtigt sich seiner früher oder später ein Frustrationsgefühl, das Bewußtsein, daß er über fast keine Rechte verfügt und daß ihm eigentlich alles verboten ist. Der Mensch hat nur Pflichten! In welchem Bereich er eine Tätigkeit ausüben könnte oder möchte steht nicht zur Wahl, egal, ob es die Arbeit betrifft oder den Urlaub, den er mit Freunden in einem nichtkommunistischen Land verbringen möchte – er kann und darf sich nicht für das eine oder andere entscheiden. Er lebt mit dem Zwang (und weiß dies) nach dem Willen anderer zu leben.

Dieses Bewußtsein ist das moralische Element, das seine „negative" Haltung gegenüber der Gesellschaft unaufhörlich nährt. Es vermittelt den Widerspruch, in dem er sich gegenüber denjenigen befindet, die ihm diese eingeengte Lebensweise aufoktroyieren. Das ist der Kern des unversöhnlichen Gegensatzes zur herrschenden Klasse. In der kommunistischen Gesellschaft leben 80 % der Menschen mit dem Bewußtsein der Frustration. Ihr individuelles Drama nimmt gesellschaftliche Ausmaße an.

Die Menschen werden gezwungen ihre Persönlichkeit, die Beziehungen zu ihren Mitmenschen aufzugeben. Aus Sicht der Produktion muß sich der einzelne in einen Roboter verwandeln, aus sozialer Sicht zu einem Vereinsamten werden. Dieses Ideal strebt die Gruppe der Vertreter an, es zu verwirklichen, setzt sie jedes Mittel ein. Wer sich widersetzt, wird aus der Gesellschaft ausgestoßen, die anderen passen sich an, und selbst wenn sie innerlich noch eine Spur von Selbständigkeit bewahren, ordnen sie sich den kommunistischen Geboten unter, verheimlichen ihre Gedanken und Gefühle, tun so, als würden sie arbeiten, als würden sie in Übereinstimmung mit den Gesetzen und Verordnungen leben, die sie zutiefst verachten. Die meisten schaffen es, passen sich an, akzeptieren ihre Entpersönlichung, leben mit der Illusion des Glücks. Andere suchen sich „Ventile", Liebhabereien, werden Alkoholiker oder Angler oder protestieren und bevölkern dann die „Arbeits"lager, weil sie das eine oder andere geheiligte Gesetz des Kommunismus verletzt haben. Jene schließlich, die sich ihrer Lage bewußt werden und ihre Stimme erheben, werden physisch ausgeschaltet, da sie für die Gruppe der Vertreter wertlos geworden sind und darüberhinaus auch noch den Rest der Gesellschaft anstecken könnten.

Der kommunistische Polizeistaat schafft gesellschaftliche Beziehungen, die das menschliche Wesen entwürdigen. Die selbst von der Illusion der Freiheit beraubten Menschen führen eigentlich kein gesellschaftliches Leben mehr. Sie werden dazu erzogen und gezwungen keine Sorgen zu äußern, die sich nicht auf ihre Arbeitsproduktivität beziehen. Auf diese Weise beschränken die Menschen ihre Beziehungen streng auf den materiellen Produktionsprozeß und verzichten weitgehend auf sonstige Kommunikation mit ihren Mitmenschen. Ein Gedankenkreislauf ist nur zulässig, insofern er von der Gruppe der Vertreter ausgeht. Andere Gedanken sind unerwünscht und verboten. Wer solche verbreitet, setzt sich der Denunziation aus und gefährdet seine Existenz. So verzichtet er letzten Endes auf die Kommunikation mit anderen (kein Verwandter, kein Freund, kein Platz ist sicher!). Der Mensch, wie ihn die Dichter in den Mittelpunkt stellen, verschwindet aus der kommunistischen Gesellschaft. An seine Stellt tritt ein Individuum ohne Persönlichkeit, zermürbt von den Alltagssorgen um die materielle Existenz. Um sich diese Existenz zu sichern, ist er zu allem bereit, selbst zu unmenschlichen Handlungen. In der kommunistischen Gesellschaft haben wir es mit einem ,,amputierten'' Menschen zu tun. Die Amputation unternimmt die Gruppe der Vertreter in bewußter und überlegter Weise.

Die Heuchelei

Die Gruppe der Vertreter ist der einzige Eigentümer des gesamten Nationalreichtums. Sie ist die einzige gesellschaftliche Gruppe, in deren Besitz sich die Macht befindet. Auf dieser Grundlage entscheidet sie über das gesellschaftliche Leben. Dies setzt voraus, daß, die Gruppe der Vertreter allein *kompetent* ist, allein in der Lage ist zu wissen, was gut und was schlecht ist. Sie bestimmt über das „Voranschreiten" der Gesellschaft, über ihre wesentlichen Interessen, über ihre Freunde und Feinde. Die Gruppe der Vertreter entscheidet *über alles*, sie ist unfehlbar und allwissend. Um ihr Eigentum und ihre Macht unversehrt zu erhalten, wacht die Gruppe der Vertreter ständig darüber, daß niemand ihre *Kompetenz* aushöhlen kann, daß diese unabänderlich ihr Monopol bleibt. Sollte es nämlich irgendjemandem gelingen die Kompetenz der Gruppe der Vertreter in Frage zu stellen, so würde damit sofort die Existenz dieser Gruppe gefährdet. Sie verteidigt sich mit allen Mitteln. Aus diesem Grunde akzeptiert sie keinesfalls die Existenz einer anderen politischen Partei, selbst wenn diese es nicht unbedingt auf eine „Opposition" absehen würde, und bekämpft jede Tendenz von Individualismus bei jedem Mitglied der Gesellschaft. Ihre Macht gründet in der Praxis auf der Partei und auf den Militärs, auf theoretischer Ebene behauptet sie die Macht durch die Autorität ihrer Kompetenz.

Um im Kapitalismus die gesellschaftliche Leiter zu erklimmen, muß der einzelne ein Talent, eine bestimmte Kompetenz, bestimmte Fähigkeiten haben. Er *muß wissen*, wie man arbeitet, wie man Geschäfte macht, wie man führt, er muß lernen sich in einem Handwerk auszukennen und weiterzudenken. Alle diese Dinge sind im Kommunismus nebensächlich.

Um emporzukommen, muß das Individuum folgsam und mit seinem Vorgesetzten immer einverstanden sein, ihm höchstens der Form, nie dem Inhalt nach widersprechen, er darf nicht gescheiter oder kompetenter als dieser sein.

Gehen wir nun in diesem Sinne schrittweise von unten nach oben vor, so sehen wir verwirklicht, was die Gruppe der Vertreter erreichen will: nur sie allein wird als kompetent anerkannt. Der so gestaltete gesellschaftliche Mechanismus ermöglicht das System der Vetternwirtschaft, in der nicht die Befähigung des einzelnen zählt, sondern sein Gehorsam, gepaart mit persönlichen Beziehungen und passiver Bestechung. Eine Empfehlung bedeutet für denjenigen, der jemanden anstellt oder auf der gesellschaftlichen Leiter fördert, nicht nur die Garantie für dessen Gehorsam, sondern auch, daß die betreffende Person „sicher" ist.

Jeder Mensch mit normalem Verstand muß erkennen, daß seine Persönlichkeit und seine gesellschaftliche Stellung nicht geschützt werden, sondern *eigentlich gar keinen Wert haben*! So bleibt ihm nichts anderes übrig, als sich mit seinen Vorgesetzten und der Partei zu arrangieren. Das heißt, er wird früher oder später auf die eine oder andere Weise seine erwähnten „Mängel" aufgeben. Er wird den Vorschlägen seiner Vorgesetzten nicht widersprechen, selbst wenn diese schwachsinnig sind, er wird nicht mehr versuchen seine eigene Sachkenntnis zu beweisen, sondern die Lösung seinem Vorgesetzten ins Ohr flüstern, um diesem die Möglichkeit zu bieten sich zu behaupten. Er wird allmählich aufhören seine eigene Kompetenz auszubauen, wird keine Kenntnisse oder Erfahrungen mehr sammeln, wird ohne Widerspruch die absurdesten Befehle und Vorkehrungen hinnehmen und wird anfangen zu lügen und zu stehlen, selbst wenn es nur die Arbeitszeit ist, für die er entlohnt wird. Aus Angst wegen einer Meinungsäußerung oder einer Ironie an die Adresse seines Vorgesetzten denunziert zu werden, wird er auf Freunde und Gefühle verzichten und wird seine Emotionen verheimlichen. Er wird sich von Sonnenaufgang bis Sonnenuntergang verstellen und nur das Leben führen, das ihm die Partei gewährt und vorschreibt. Sollte er eines Tages selber „Chef" und damit in der Lage sein zwischen einem „sicheren" und einem fähigen Mitarbeiter zu wählen, so wird er ohne Zögern den ersten nehmen. Da nun diese Amputierung der Persönlichkeit in der ganzen Gesellschaft anzutreffen ist, führt sie zur allgemeinen *Heuchelei*.

Die schwerwiegendsten Folgen werden in der Wirtschaft offenbar. Wir haben bereits analysiert, wie die Schicht der „Aufseher" entsteht und haben festgestellt, daß diese keinesfalls aufgrund ihrer Befähigung diese Rolle ausfüllen könnten. Von ihnen wird lediglich verlangt, darüber zu wachen, daß die anderen in einer bestimmten Weise arbeiten. Da der Aufseher auf der gesellschaftlichen Leiter das für den einfachen Menschen höchsterreichbare darstellt, wird er sich bemühen, die nötigen Bedingungen zu erfüllen. Er wird lernen in den vielen Sitzungen „kämpferisch" das Wort zu ergreifen, die Mängel seiner Arbeitsgenossen zu kritisieren und sie den Vorgesetzten zuzutragen. Er wird seinen Vorgesetzten schmeicheln, ihnen allerhand Dienste erweisen und ihnen immer den Eindruck vermitteln, daß nur sie allein die Sachkenntnis haben, um alle Fragen der Produktion angemessen zu lösen. Hat er dann sein Ziel erreicht und ist er in die Schicht der Aufseher und der Vorgesetzten aufgestiegen, so wird er gegenüber seinen Vorgesetzten dieselben „Prinzipien" weiterhin anwenden und selbstverständlich dasselbe Verhalten von seinen Untergebenen fordern.

Auf diese Weise weiß der Arbeiter, daß sein Meister in der Regel keine seiner Probleme lösen kann, die er selbst nicht zu lösen vermag; der Meister zweifelt an der Befähigung des Ingenieurs, dieser an der Befähigung seines Abteilungs- oder Werkstattleiters. Genauso weiß dieser umgekehrt, daß es dem Direktor „unangenehm" ist, wenn man Probleme vorbringt, ohne Lösungsangebote mitzuliefern. In einem solchen System kennzeichnet die Heuchelei fast jeden und sie ist in kleinerem oder größerem Maße in der ganzen Hierarchie der Produktion vorzufinden. Was dies für die Ergebnisse bedeutet, zeigt uns ein Blick auf die zentralisierten Planerfüllungsziffern der gesamten Wirtschaft.

Die Folgen der Heuchelei lassen sich selbstverständlich auch in den anderen Bereichen des gesellschaftlichen Lebens beobachten: Angefangen mit dem Volksschul- oder Mittelschullehrer, der die Erziehung der Kinder verantwortet, bis hin zum Arzt, in dessen Händen das Leben von Menschen liegt. Alle werden aufgrund ihres ,,Kader''-dossiers ausgewählt und gefördert und sind das, was sie sind, nicht aufgrund ihrer Begabungen oder einer gründlichen Ausbildung für den betreffenden Beruf, sondern aufgrund von gewissen Kriterien, denen sie zwar entsprechen, die ihnen aber die nötige Kompetenz nicht verleihen können.

Ein Spitzenbeispiel in Sachen Heuchelei bietet Eduard Shewardnadse, der Außenminister der Union der Sozialistischen Sowjetrepubliken. Als Berufsfunktionär gelang es ihm, die Leiter der kommunistischen Hierarchie bis zur Position des Innenministers (also des Leiters der Sicherheit und der Polizei) einer Republik im Süden der UdSSR zu erklimmen. Hier gelang ihm sein entscheidender politischer ,,Coup''. Zu lösen war folgendes Problem: In der Republikhauptstadt wirkte ein privates Taxinetz, das praktisch unmöglich aufgedeckt und lahmgelegt werden konnte. Dem Kontrollapparat (Polizei, Inspekteure) gelang es meistens nur zwei oder drei illegale Taxifahrer zu erwischen, bekannt war jedoch, daß ihre Zahl über 500 hinausreichte. Wichtig ist zu erwähnen, daß die betreffenden Autos über dieselben Zählerautomaten und Dienstzeichen wie die staatlichen Taxen verfügten. Infolge der ungenügenden Zahl von staatlichen Taxen war das private Netz besonders rentabel. Es war zwar unwahrscheinlich, daß – bei der geringen Anzahl von staatlichen Taxen – die vom parallelen Taxinetz erzielten Einkommen in die staatliche Tasche hätten fließen können, doch wie immer – es war illegal und mußte *grundsätzlich* zerschlagen werden, weil es den systemeigenen Prinzipien widersprach. Und so griff unser Innenminister zu einer (für totalitäre Systeme – d.Ü.) Allerweltslösung: er rief alle staatlichen Taxifahrer zusammen und verbot ihnen am nächsten Tag auszufahren. Selbstverständlich sicherten geeignete Maßnahmen, diese „Kriegslist". Daher wurden die „Staatlichen" über Nacht in dem Saal zurückgehalten, in dem die Versammlung stattgefunden hatte. Am nächsten Tag wurden bis zum Mittag alle privaten Taxifahrer verhaftet und der Justiz übergeben. Da stellte sich heraus, daß die „Organisation" von der Ehegattin des Chefs der Republik (des Ersten Sekretärs der Kommunistischen Partei der Republik) höchstpersönlich „protegiert" wurde, und so schoß unser Mann nicht einen einfachen Hasen ab, sondern einen echten Elefanten: Er durfte den Platz des Chefs der Republik einnehmen! Aufgrund solcher Voraussetzungen gilt er nun als äußerst intelligenter und gewitzter Mann mit „messerscharfem" Verstand.

Unsere Geschichte ist für jedes kommunistische System typisch, insbesondere für das sowjetische, und aus diesem Grund haben wir sie hier erzählt. Sie spiegelt eine ganze Palette von sozialen Beziehungen in der UdSSR wider.

Noch allgemeiner verbreitet ist die Heuchelei in jenen Bereichen, wo die Kompetenzen nicht eindeutig, sondern nur ungefähr umrissen werden können. Das beste Beispiel bieten die gesellschaftlichen Tätigkeiten im kulturellen und künstlerischen Bereich. So gibt es immer wieder Kulturschaffende, Schriftsteller, Regisseure, Maler, Komponisten, die ihr ganzes Leben lang „aktiv" sind, sogar zu „beispielgebenden" Persönlichkeiten werden, ohne je irgendeine Spur von Begabung bewiesen zu haben. In diesem Bereich äußern sich Fügsamkeit und Unterordnung durch Werke, die der Politik der Partei dienen und diese Politik rühmen. Solche „Werke" werden von den Massen zwar nicht angenommen, doch ist das kein ausschlaggebendes Kriterium.

Sobald eine ganze Gesellschaft von der Heuchelei untergraben wird, wenn die Ausnahmen so selten sind, daß sie lediglich die Regel bestätigen, kann man wohl nicht mehr davon ausgehen, daß sich diese Gesellschaft auf dem Wege des Fortschritts befindet. Wenn die Wissenschaft durch

Pseudowissenschaftler vertreten wird, wenn die Kultur von Leuten ohne Studien und Fachausbildung geschaffen wird, wenn es in den Bereichen der Produktion keine angemessen ausgebildeten Fachleute gibt, keine echten Profis, die auch über entsprechende Bewegungsfreiheit verfügen, dann befindet sich die Gesellschaft im Rückschritt. Eine Gesellschaft, die auf diese Weise unter der alleinigen und absoluten ,,Kompetenz" einer einzigen Gruppe lebt, die sich vom Alltag gelöst hat, ist gezwungen, ein enges, perspektivloses Leben zu akzeptieren. Da die Interessen der Gruppe der Vertreter keine wesentlichen Veränderungen erfahren, bleiben auch Sachkenntnis und Kompetenz unverändert. Die Kluft zwischen dem ,,Denken von oben" und den realen Bedingungen der Gesellschaft wird sich unaufhörlich verbreitern.

Stellt die Abschaffung der Bauernklasse auf wirtschaftlicher Ebene den größten Irrtum dar, so ist die eine kommunistische Gesellschaft kennzeichnende Heuchelei das negativste Phänomen, das eine moderne Gesellschaft aufweisen kann.

Die Weltrevolution

Das von uns gezeichnete Bild führt zu der Frage: wieso fügt sich die kommunistische Gesellschaft solchen Bedingungen? Wieso überlebt ein System, das die Menschheit zurückwirft und den einzelnen zum Sklaven macht? Sind die von uns geschilderten Dinge nicht ganz einfach Erfindungen, Fälschungen, Spekulationen, die keine Bestätigung in der Wirklichkeit finden? Wie sonst könnte man nämlich erklären, daß Millionen und Abermillionen von Menschen ruhig dahinleben und die willkürlichste Ausbeutung hinnehmen, sich ohne Widerspruch einer bewußten und intensiven Entpersönlichungsaktion unterordnen, die Verwandlung der menschlichen Persönlichkeit zu einem einfachen, produktiven Roboter im Grunde akzeptieren?

Es gibt auch sehr wichtige Außenfaktoren, die das Phänomen erklären könnten, z.B. der Sieg der Sowjetunion im Zweiten Weltkrieg: Die deutschen Armeen drangen blitzartig in Rußland vor und entwickelten zu Beginn des Krieges eine unglaubliche Geschwindigkeit. Vielleicht wollte man keinen Widerspruch leisten, um auf diese Weise vom Kommunismus befreit werden zu können.

Wir möchten jedoch diese Erscheinung nicht durch Faktoren der Geschichte dieses Jahrhunderts erklären. Wir erachten die inneren Zustände für viel wichtiger. Sie sichern dem kommunistischen System sein Überleben auch für den Fall, daß der Eiserne Vorhang seine Undurchdringlichkeit verliert.

Um die am Anfang dieses Kapitels gestellten Fragen beantworten zu können, sollten wir die Problematik aufschlüsseln:

1. Wenn die Gruppe der Vertreter 50 000 Industrieunter-

nehmen und über 1,5 Mill. Hektar landwirtschaftlichen Bodens (Ackerland, Weiden, Wälder) besitzt, so kann sie es sich theoretisch leisten, diese Besitztümer nachlässig zu verwalten.

Selbst wenn die eine Hälfte der Unternehmen unzureichend produziert, kann das Defizit insgesamt gesehen aufgefangen werden. Selbst wenn infolge des Systems und der Arbeitsweise nicht der ganze Boden die erwartete Leistung erbringen wird, können die Mängel ausgeglichen werden! Dieser Gedankengang, der dazu angetan war viele Irrtümer in der kommunistischen Wirtschaftspolitik zu „übertünchen", ließ sich jedoch praktisch nicht verwirklichen. Und zwar aus einem sehr einfachen Grunde: die ineffizienten Industrieunternehmen und der unrentabel bebaute Boden bilden die Mehrheit und sind das charakteristische Merkmal der kommunistischen Wirtschaft. Die Wirtschaftspolitik, die seit 70 Jahren in der Sowjetunion und seit etwa 40 Jahren in den übrigen kommunistischen Ländern unverändert fortgeführt wird, brachte allen einen Lebensstandard, der weit unter dem Lebensstandard von Ländern mit kapitalistischen Wirtschaftssystem liegt. Der Wohlstand und das Wohlergehen, die der Arbeiterklasse versprochen wurden, wurden nie erreicht und die Frage nach der Versorgung der Arbeiter, die im Verlauf des kommunistischen Industrialisierungsprozesses „entstanden" ist, wurde nirgends gelöst. Ohne Angst einen Fehler zu begehen, kann man ruhig behaupten, daß sich zahlreiche kommunistische Länder in dieser Hinsicht erst auf der Ebene der mittleren Entwicklungsländer befinden, vielleicht sogar noch tiefer.

Da wir nicht annehmen können, daß die Gruppe der Vertreter die tiefgreifenden Irrtümer seines Wirtschaftssystems nicht kennt, sich ihrer nicht bewußt ist, kommen wir zu einer ersten Antwort:

Das kommunistische System behauptet sich durch die ständige Verarmung der Massen und durch die Verallgemeinerung eines Lebensstandards für die ganze Gesellschaft, der sich an der Grenze des absolut Notwendigen befindet. Es geht hier nicht nur um ein wirtschaftliches Prinzip, sondern auch (wir würden sogar behaupten, vornehmlich) um ein politisches Prinzip. So war 1984 in der UdSSR der Konsum pro Kopf der Bevölkerung (Güter und Dienstleistungen) um etwa 2/3 kleiner als der Konsum in den USA.

2. Von frühester Jugend an wird der einfache Mann an den Gedanken gewöhnt, daß eine Macht über ihm wacht, die bereit ist, jeden Auflehnungsversuch im Keime zu ersticken. Der Terror durch die Diktatur des Proletariats, den die Revolution dem Bewußtsein jeder Gesellschaft in den kommunistischen Ländern eingeimpft hat, bildet auch heute eine Grundkomponente des gesellschaftlichen Bewußtseins. Die Sicherheitsbehörden, die Armee, die Polizei, sie alle sind im gesellschaftlichen Leben gegenwärtig, so daß niemand ihre Existenz vergessen kann. Jeder Streikversuch, jede Zusammenkunft, in der „kritisch" diskutiert wird, ebenso die sogenannten „kosmopolitischen" Tendenzen der Kunstschaffenden und die Tätigkeit verschiedener Intellektueller, selbst Witze, die die Partei betreffen, sie alle werden aufgespürt und im Keime erstickt. Die Menschen werden daran gewöhnt und dazu erzogen in ständiger Angst und Vertrauenslosigkeit zu leben. Selbst wenn er schimpft, tut es der Mann auf der Straße nur mit halber Stimme oder sehr allgemein. Mit einer einzigen Ausnahme, auf die wir noch zurückkommen werden (Polen), kann es in keinem kommunistischen Land eine antikommunistische Massenbewegung geben. Der einfache Mann wird ständig gemahnt, daß er Frau und Kinder hat und so zieht er es vor, „kein Wasser zu trüben"! Er ist nicht feige, er ist eingeschüchtert, vielleicht aber auch beides.

Die Kehrseite der Medaille: Es ist fast unmöglich, in Friedenszeiten eine halbe Million organisierter Menschen zu liquidieren. Und selbst wenn die Aktion als solche realisiert werden könnte, sind die politischen Folgen nicht vorauszusehen. Es ist unvergleichlich leichter, fünf bis zehn „Irre" zu beseitigen. Und vor allem ohne politische Konsequenzen! Das ist das Grundgesetz, das stählerne Gesetz, das die Tätigkeit der Armeen im Dienste der Gruppe der Vertreter regiert.

Es ist selbstverständlich leicht, die Feigheit des einfachen Menschen zu verurteilen, der allein und unbewaffnet vor einer derart perfekt organisierten Macht steht. Es ist selbstverständlich leicht, sich auf die historischen Revolutionen von 1789, 1848 und 1917 zu berufen. Doch aus den geschichtlichen Angaben ist nicht ersichtlich, daß die aufständischen Massen eine Macht vor sich hatten, die speziell ausgebildet wurde, um sie zu bekämpfen. Kein politisches System, keine Regierung der modernen Zeit hat eine solche Spezialarmee vorgesehen und ausgebildet, die so stark ist und nur dem Zweck dient, sie zu verteidigen und die Macht zu erhalten. Aber die Gruppe der Vertreter hat aus der Geschichte gelernt und es verstanden, sich zum Zwecke des Überlebens eine äußerst starke Verteidigung zu schaffen.

3. Die Gruppe der Vertreter sorgt dafür, daß sie sich nicht bloßstellt. Sie ,,versteckt" sich hinter der marxistisch-leninistischen ,,Lehre", hinter einem Schwall von Losungen, die alle nur den Eindruck erwecken sollen, daß jeder Herr und Nutznießer seiner Arbeit ist. An die Stelle der einfachen Politik des Kapitalismus trat eine neue, viel differenziertere, die den Sinn hat, nicht nur die Illusion der Freiheit zu erwecken, sondern dem Industriearbeiter auch noch den Eindruck zu vermitteln, daß er von der Ausbeutung befreit wurde. Zu diesem Zweck wird ein ganzer Apparat (die Partei) bezahlt und hierbei läßt sich die Gruppe der Vertreter nicht lumpen. In der Sowjetunion zählt die Partei 17,5 Millionen Mitglieder, von denen nur 750 000 in der ,,Nomenklatura" aufgeführt werden. Das Verhältnis ist übrigens in allen anderen kommunistischen Ländern ähnlich. Festzuhalten ist, daß die Zahl der Parteimitglieder in der Regel etwa 10 % der Bevölkerung ausmacht. Aus dieser Zahl ist ersichtlich, daß der Apparat, der mit der ,,Erziehung" und Überzeugung der Massen betraut ist, nicht gerade klein ist.

Das Hauptmittel der „Indoktrination" bilden die Sitzungen. Neben den zahlreichen Sitzungen, die die Partei für ihre Mitglieder abhält, veranstaltet auch jede Organisation, in die jedes Mitglied der Gesellschaft eingeordnet wird (Jugendorganisation, Gewerkschaften, Frauenorganisationen, Pionierorganisationen, Stadtteilorganisationen, verschiedene „Fronten", usw.), zum selben Zweck ihre Sitzungen. Hat der Bürger die Sitzungen hinter sich gebracht, wird er von Massenmedien aller Art „überschwemmt". Unterricht und Kultur werden auf denselben Sitzungen in spezifischer Form geprägt (Marxismus-Leninismus-Prüfungen, Theaterstücke, Musikwerke, die den Kommunismus und seine Helden rühmen usw.). Die „Politarbeit" (der übliche Terminus für diese Tätigkeit) wirkt ständig auf Millionen Menschen ein. Die Massen werden dazu angehalten pflichtgemäß an Sitzungen, Meetings und Massenkundgebungen teilzunehmen, wobei ihre Anwesenheit durch verwaltungstechnische und andere Maßnahmen gesichert wird. Jeder „Werktätige" *weiß*, daß das Fernbleiben von solchen Veranstaltungen weitreichende Folgen haben kann. Weniger schlimm wäre es am Arbeitsplatz zu fehlen.

Einen Apparat von 17 Millionen Menschen aufzubauen und großzügig zu bezahlen, um 240 Millionen Menschen zu „erziehen", ist für die Gruppe der Vertreter keine Fehlinvestition, sondern eine wesentliche Aktion im Interesse ihres Überlebens und Wohlstandes. Das Ergebnis der Millionen von Sitzungen, die auf allen Ebenen und in allen gesellschaftlichen Gruppen abgehalten werden, das Ergebnis der Tätigkeit von Professoren, Schriftstellern, Journalisten ist überall sichtbar. Die „Herde" ist geduldig. In der Schlange stehen, um sich Nahrungsmittel oder irgendein Bekleidungsstück zu beschaffen, ist eigentlich kein Grund für soziale Unruhen und noch weniger für eine Revolte. Wenn der Mann von der Straße 20 bis 30 Minuten Tag für Tag auf die Straßenbahn oder auf den Bus wartet, so ärgert es ihn selbstverständlich. Seine Wut richtet er gegen die Leitung des . . . Unternehmens für öffentlichen Verkehr! Die

,,Werktätigen" sind alle absolut gleich im Hinblick auf ihren niedrigen Lebensstandard, die Anzahl von Sicherheitsbeamten, von denen sie überwacht werden und die Anzahl von Sitzungen, an denen sie in einer bestimmten Zeitspanne teilnehmen müssen.

4. ,,Der Eiserne Vorhang". Die Isolierung der kommunistischen Völker von der übrigen Welt ist eine bewußte und ständige Aktion, die von der Gruppe der Vertreter angeregt und geleitet wird. Jeder Bürger, der in Verbindung zur freien Welt tritt, ist ein potentiell verlorener Mann für das kommunistische System. Selbst wenn er das System nicht endgültig verläßt, selbst wenn seine familiären Beziehungen sich als dauerhafter erweisen als die Hoffnung auf ein besseres Leben: sobald er aus einem bürgerlichen Land in seine Heimat zurückkehrt, wird er von wunderbaren Dingen erzählen, die im eigenen Lande nicht zu verwirklichen sind. So wird er zu einem Subjekt, das die jahrzehntelange Tätigkeit der Parteifunktionäre unterminiert, da er anderen Bürgern den Wunsch nach Ausreise schmackhaft machen könnte und, was noch schlimmer ist, Zweifel an der Vollkommenheit der kommunistischen Gesellschaft hervorrufen könnte. Um diese Gefahr zu bannen, gilt als allgemeine Regel, daß möglichst niemand die Grenzen des Landes überschreiten darf, um etwas über das Leben in einem bürgerlichen Land zu erfahren. Ausnahmen von dieser Regel bilden die Personen, die durch ihre Tätigkeit im Dienste der Gruppe der Vertreter einen Kontakt zum Kapitalismus erforderlich machen. Solche Personen werden sorgfältig ausgewählt und die Gruppe der Vertreter sorgt dafür, daß ihnen auch in der Heimat ein Lebensstandard gesichert wird, der annähernd so ist, wie der Lebensstandard des Landes, in dem sie zu arbeiten haben. Es ist die Rede von Wirtschaftsspionen und Politikern, von Diplomaten und Vertretern des Außenhandels. Zu erwähnen ist dabei, daß selbst diese von Bewachern (Sicherheitsbeamten) begleitet werden. In Fällen, in denen ein längerer Aufenthalt im Ausland vorgesehen ist (wie bei Diplomaten), wird die Regel der Rotation angewendet.

Bei Arbeitern, wie sie unsere Schilderung zu Beginn dieser Untersuchung vorgestellt hat, wird das Ganze über einen speziellen Vertrag abgewickelt zwischen dem kommunistischen Staat, der die Arbeiter „ausführt", und dem Land, das die Arbeiter „kauft" (in der Regel geht es um Staaten der Dritten Welt). Solche Verträge sehen Klauseln vor, welche die Auslieferung derjenigen betreffen, die nicht mehr zurückkehren wollen. Man will vermeiden, daß solche Leute in dritte Länder auswandern. Selbstverständlich werden auch solche Gruppen von Wachleuten begleitet und ihre Familien, die in der Heimat verbleiben, als Geiseln behandelt.

Unter solchen Bedingungen kann man davon ausgehen, daß die Mehrzahl der Gesellschaft es sich nicht vorstellen kann, daß man auch besser leben könnte. Der ständige Mangel an Nahrungsmitteln und Konsumgütern erscheint als der normale Zustand und der einfache Mann findet sich mit seinem Alltag allmählich ab.

Aus demselben Grunde wecken die Gruppen von ausländischen Touristen, die die kommunistischen Länder besuchen, um die Realitäten dort kennenzulernen, keinesfalls die Begeisterung der kommunistischen Herrscher. Nur der dringende Bedarf an frei konvertiblen Devisen veranlaßt sie die Touristengruppen aufzunehmen. Doch auch hierfür werden die nötigen Vorsichtsmaßnahmen ergriffen: Schwierigkeiten und Schikanen für Einzeltouristen, vorgezeichnete Routen für Gruppen, und weitgehende Isolierung des Touristen, damit er mit möglichst wenigen Menschen in Kontakt kommen kann. Aber auch das eigene Volk wird so von den leeren Versuchungen der Konsumgesellschaften ferngehalten und lebt „glücklich" mit Entbehrungen, da ihm keine Perspektiven und keine Hoffnungen geboten werden.

5. Um die Reihe von Methoden abzuschließen, durch die die vom Kommunismus beherrschten Völker im Zaum gehalten werden, führen wir nun den moralisch-politischen Faktor an, der vielleicht sogar an erster Stelle zu stehen hat, so tief ist er dem Bewußtsein des einzelnen eingeimpft wor-

den. Die Weltrevolution ist der Traum der Väter des Kommunismus, den sie auch ihren Nachfahren übertragen haben. In Übereinstimmung mit dieser Theorie wird und muß die kommunistische Revolution den ganzen Erdball umfassen, alle Völker werden auf diesem oder jenem Weg zum Kommunismus gelangen, weil nur er das Glück und den Wohlstand aller Menschen zu sichern vermag. Alle Entbehrungen, alle Mängel, alles der Gesellschaft aufgezwungene Elend werden dann beseitigt sein und jeder Bürger wird von der Gesellschaft „nach seinen Bedürfnissen" erhalten. Es ist die schönste Utopie, die die Kommunisten den Menschen immer wieder vorsagen, und mit der sie sich auch selbst einlullen, um sich zu rechtfertigen.

Die „Weltrevolution" ist eigentlich nichts anderes als eine Formel, eine Losung wie jede andere, berufen, den sowjetischen Imperialismus zu rechtfertigen. Sie hat aber ihre Effizienz auch bei der Rechtfertigung vieler anderer Entwicklungen unter Beweis gestellt, denken wir nur an die „Erklärung" für das Elend der Industriearbeiter. Die Weltrevolution ist eine Theorie, von der die Führer des Kommunismus nur dann Gebrauch machen, wenn sie sich vor ihren eigenen Völkern rechtfertigen wollen. Wenn die übrigen Parolen nicht mehr ziehen, wenn keine Umstände oder konjunkturelle Situationen bei der Hand sind, um eine neue Maßnahme zur Verschärfung der Ausbeutung oder zur Reduzierung des ihnen zugedachten Anteils zu begründen, dann wirkt diese Formel erlösend, weil sie doch alles und nichts besagt.

Die Weltrevolution wird jedoch immer dann angerufen, sobald die Mitglieder der kommunistischen Parteien selbst gezwungen werden den Gürtel enger zu schnallen oder wenn die Bedürfnisse der Gruppe der Vertreter eine weitere Kürzung des Volkseinkommens notwendig machen.

Abschließend können wir die Gründe für die Unterwerfung von Millionen Menschen folgenderweise zusammenfassen:

– der niedrige Lebensstandard ist für den größten Teil der

Gesellschaft verallgemeinert, die Regel ist, nichts zu haben und sich höchstens das Existenzminimum zu sichern. Wenn ganze Völker in eine solche Lage hineingeboren werden und so leben, ohne die Möglichkeit Höheres anzustreben, gewöhnt sich das soziale Bewußtsein daran, daß *dieses ein normales Leben sei*;

– jeder Versuch von einzelnen oder Gruppen ihre Arbeits- und Lebensbedingungen zu verbessern, wird entschieden unterbunden, wenn nötig bis zur physischen Ausrottung. Diesem Zweck dient ein spezieller Apparat, von dessen Existenz die Massen informiert werden, damit im sozialen Bewußtsein die Überzeugung geschaffen wird, *die Überwachung des einzelnen sei total.*

– es gibt einen weiteren speziellen Apparat, dessen Aufgabe es ist, jeden einzelnen im Sinne der Unterordnung zu erziehen; durch unaufhörliche Wiederholung wird das Bewußtsein des einzelnen von eigenem Denken und Willen geleert und durch die geheiligten Dogmen der Partei angereichert. Es wird zum sozialen Bewußtsein, daß *die Partei immer alles nur zum Wohle und Glück des Volkes tut*;

– die Isolierung und Desinformation in bezug auf andere Völker ist bestens organisiert. Es wird den Leuten eingetrichtert, daß *die Völker in den bürgerlichen Ländern viel grausamer ausgebeutet werden und viel schlechter leben als die in den kommunistischen Ländern*;

– sobald Zeiten des Elends sich verschlimmern oder zu lange dauern, sobald die Gruppe der Vertreter sich genötigt sieht, den einen oder anderen Fehler einzugestehen, wird den Leuten wieder der Gedanke eingeflößt, daß *dies alles ein Ende finden werde, sobald die Weltrevolution gesiegt hat.*

Auf diese Weise – durch geschickte Paarung von Drohung und politischer Erziehung, von „Zuckerbrot und Peitsche" und dem zusätzlichen Hinweis im Kapitalismus sei es noch schlimmer – gelingt es der Gruppe der Vertreter durch den Einsatz einer riesigen Repressionsmaschine ihre Macht zu erhalten und ihre Herrschaft über Millionen von

Menschen zu sichern. Wir haben es mit einem komplexen System zu tun, das einwandfrei funktioniert. Mit einem System, das bewußt geschaffen und vervollkommnet wurde und das bis heute seine Aufgabe erfolgreich bewältigt.

Krieg und Frieden

Ein weiteres Problem, das die kommunistische Führung ständig beschäftigt, ist schließlich der Frieden. Es ist mit Sicherheit der Bereich, an dem der Kommunismus am meisten interessiert ist. Erklärungen zu diesem Thema können – zumindest im Hinblick auf das Wesen des Problems – als wahrhaftig und aufrichtig bezeichnet werden.

Wir wollen diese Diskussion auf die Supermacht UdSSR beschränken. Das erste Leninsche Dekret nach der Erringung der Macht war das ,,Dekret für den Frieden''. Damals (1918) hatte das Dekret einen unmittelbar praktischen Sinn, nämlich den Austritt Rußlands aus dem Krieg, wenngleich ihm heutzutage auch eine symbolische Funktion zugedacht wird – als Kennzeichen der Friedenspolitik, die die Sowjetunion von Anbeginn ihrer Existenz geführt hat. Auch müssen wir anführen, daß in ihrem einzigen großen Krieg die Sowjetunion ursprünglich Opfer einer Aggression war. Wenn sie nachher bis ins Herz Europas vordrang und diese Territorien annektierte, so verdankte sie dies dem militärischen Sieg der Allierten und dem Zusammenbruch des Deutschen Reiches. Ansonsten vermied es die Sowjetunion Kriege zur Annexion neuer Territorien zu führen (einmal abgesehen von dem ,,kleinen Krieg'' gegen Finnland 1940), sie ,,befreite'' lediglich einige Völker ohne größeres Blutvergießen, wenn es sich unmittelbar anbot (wie beim Hitler-Stalin-Pakt von 1939). Auf diese Weise wurden dem großen Reich des Kommunismus nacheinander Estland, Lettland, Litauen, ein Teil Polens, ein Teil Rumäniens, ein Teil der Tschechoslowakei und ein Teil Deutschlands einverleibt. Es ist denn auch kein Wunder, daß letztendlich die ganze Welt zur Einsicht gelangte, daß die Außenpolitik der Sowjetunion ihrem Wesen nach imperialistisch ist.

Im Unterschied zum ,,klassischen" Imperialismus mit seinem Streben nach dem Prinzip des ,,Alles oder nichts" bescheidete sich die Sowjetunion mit der Anwendung des Annexionsprinzips. Mit Ausnahme des Zweiten Weltkrieges begnügte sie sich mit wenig, ja sogar manchmal mit sehr wenig (mit beispielsweise ,,nur" 173 000 qkm, die 1940 Finnland entrissen wurden!). Daß eine solche Aggressionspolitik der ,,kleinen Schritte" mit Erfolgen durchgeführt wurde und daß die Sowjetunion immer ,,im Geiste des Friedens" geschickt agierte – das ist zweifelsohne ein unbestreitbarer Verdienst der sowjetischen Variante des Imperialismus. Die Sowjetunion schob die Losung von der Völkerbefreiung vor und erweiterte gleichzeitig konstant ihre Grenzen, indem sie eine beträchtliche Zahl von Ländern und Völkern ihrer Macht unterordnete.

Durch die Aufgabe des britischen Kolonialreiches entstand ein Machtvakuum. Es bewirkte eine Profiländerung dieser expansionistischen Politik. Die geographische Entfernung und die Unabhängigkeit der ehemaligen Kolonialländer forderten neue Formen und Mittel. Die sowjetische Expansion wurde differenzierter und entsprechend subtiler. Die gerade errungene Unabhängigkeit galt es zu verteidigen und die Sowjetunion bot sich an diese Aufgabe zu übernehmen. So wurde eine Reihe von afrikanischen Staaten wieder abhängig – zunächst militärisch, dann auch wirtschaftlich. Sie entdeckten plötzlich ihre kommunistische Berufung und sprangen aus dem feudalen Stand, in dem der Imperialismus sie gehalten hatte, über die verrottete bürgerliche Ordnung hinweg direkt in die am höchsten entwickelte Gesellschaft, in die kommunistische! Andererseits ,,verhalf" die Sowjetunion auch Revolutionen gegen lokale Diktaturen, wie in Kuba, zum Sieg oder ,,unterstützte" solche für die nationale Befreiung, z.B. in Angola. Sie konnte jedoch in Afghanistan auf die Besetzung nicht verzichten. Die Sowjetunion schuf sich allmählich ein eigenes ,,Commenwealth", das durch wirtschaftliche wie auch starke militärische und politische Fäden an sie gebunden ist.

Die Sowjetunion hat des weiteren ihre ,,Westfront" in Mitteleuropa gestärkt und führt eine Desengagement-Politik gegenüber den westlichen Staaten. Die UdSSR, die ihre Politik der Nichteinmischung in Konflikte, die ihre eigene Existenz bedrohen könnten, weiterbetreibt, hat keinen Grund, den Frieden nicht zu wünschen, solange die passive Haltung der anderen ihr den Freiraum schafft, um weiterhin ,,kleine" Annexionen zu tätigen und nationale Befreiungs,,revolutionen" in der ganzen Welt in die Wege zu leiten. So muß man den Friedenswillen der Sowjetunion als einen Bestandteil der Expansionspolitik dieser Großmacht begreifen. Im Unterschied zum klassischen Imperialismus, der gegenüber großen Hunden kriegerisch ist, wünscht sich die Sowjetunion von ihnen in Ruhe gelassen zu werden, um die kleinen Hunde beißen zu können.

Doch neben diesem expansionistischen Grund strebt die Sowjetunion keine entscheidende militärische Konfrontation an. Eine solche Konfrontation könnte nämlich vor der Endentscheidung in letzter Instanz die Gruppe der Vertreter selbst gefährden. Die Militärs würde der Kampf gegen den Feind in Anspruch nehmen (die Polizei zwar nur indirekt: durch Assimilierung ihrer Mitglieder als Frontkämpfer), die Überwachung und Zügelung der Massen geriete aber in Schwierigkeiten. Und eine solche Situation würde der Gruppe der Vertreter den Eindruck vermitteln, daß sie verwundbar ist. Dies ist ein Grund, warum der Kommunismus überhaupt und die Sowjetunion im Besonderen den Friedenszustand wünschen, weil eine ,,langsame Eroberung" des Restes der Welt durch die Sowjetunion ihre eigene Sicherheit *noch* nicht unmittelbar gefährdet.

Das tägliche Brot

Das von uns beschriebene System stellt den gemeinsamen Nenner, die Grundlage jeder Gesellschaft kommunistischen Typs dar, es ist in allen kommunistischen Ländern gleich.

Je nach ihren historischen, geographischen oder sozialen Voraussetzungen beobachten wir in der einen oder anderen kommunistischen Gesellschaft in gewissen Zeitspannen Abweichungen von diesem System, die sich insbesondere in einer Verbesserung des Verteilungssystems widerspiegeln. Diese Verbesserungen schlagen sich darin nieder, daß in einem bestimmten kommunistischen Land zu einer bestimmten Zeit das alltägliche Brot nicht ganz so schwarz, nicht ganz so bitter ist. Solche Erscheinungen lassen sich zunächst als Ergebnis der Existenz kapitalistischer Länder erklären, ihres Einflusses und Images in allen Bereichen, des hohen Lebensstandards, den die überwältigende Mehrheit der Massen dort erreicht. Trotz allen Bemühungen des kommunistischen Desinformationssystems dringen nämlich die wirklichkeitsgetreuen Beschreibungen dieser Welt in das Bewußtsein der Menschen der kommunistischen Gesellschaft vor.

Andererseits erfreuen sich manche kommunistische Gesellschaften eines weißen Brotes, weil es ihnen infolge konjunktureller Umstände bewußt „zugeteilt" wird, worauf wir noch zurückkommen werden. Zum wiederholten Male möchten wir hier hervorheben, daß das spezifisch kommunistische Ausbeutungs- und Verteilungssystem sowohl gegenüber den eigenen Völkern als auch gegenüber der Außenwelt *verheimlicht* wird. Verkleidet wird es in eine scheinheilige Politik der Propaganda und Demagogie. Die Massenmedien setzen sich beispielsweise nie mit den Problemen, Mängeln und Schwierigkeiten des gesellschaftlichen Alltags auseinander. Diese Erscheinungen wirken bedeutungslos, *isoliert*, jeder könnte meinen, daß sie nur ihm passieren, er allein schaffe es nicht sich zurechtzufinden! Ein ökonomisches und soziales Phänomen wie der Nahrungsmittelmangel wird auf diese Weise zu einer Einzelerscheinung, die einzelne erleben, keinesfalls jedoch eine allgemein gesellschaftliche Lage. Wie zum „Ausgleich" veröffentlichen Zeitungen, Fernsehen und Rundfunk eine Fülle von Informationen über die Produktionserfolge verschiedener Fabriken und Arbeitskollektive und über die Realisierung gigantischer Wirtschaftsobjekte.

Ihre Aufmerksamkeit konzentriert sich auf die Hebung der Arbeitsproduktivität, sie empfehlen neue Methoden und Lösungen, stellen diejenigen vor, die dabei gut abgeschnitten haben. Die Medien erweisen sich jedoch plötzlich als unzulänglich, wenn es darum geht, auf die übrigen Probleme der Arbeiterklasse einzugehen, sie vernachlässigen vor allem die Entbehrungen, die diese Klasse erleiden muß. Der Lebensstandard und seine Verbesserung werden nur allgemein angesprochen, als Zielsetzung der Parteipolitik, wenn neue Wirtschaftspläne oder Gesetze vorgestellt werden, die u.a. auch die Verbesserung des Lebensniveaus vorsehen. Solche Pläne, Gesetze und Verordnungen werden jedoch nur erlassen, um die Ausbeutung noch mehr zu verschärfen. Sie fordern vom Volk noch intensivere Arbeit, setzen weitere Entbehrungen voraus.

Trotz alle dem – eine Konklusion, der Kommunismus verurteile seine Völker zum Untergang, ist bestimmt falsch: er braucht sie zu seinem Wohlergehen und setzt sich daher auch dafür ein, daß sie lebens- und arbeitsfähig bleiben! Kurz gefaßt: er sichert ihnen die minimalen Lebensbedingungen, das tägliche Brot. Wie groß die Brotscheibe ist, wie gut oder weiß, das hängt von einigen historischen, ökonomischen, politischen und sozialen Faktoren ab. Wir betonen, daß nur der minimale Stand der materiellen Lebensbedingungen unterschiedlich ist, das von uns gezeichnete

Bild bleibt unverändert, bildet die Grundlage des Systems. Lassen Sie uns hier dieses „garantierte Minimum" kurz Revue passieren, das von Land zu Land verschieden ist. Beginnen wir mit der Sowjetunion, dem Bannerträger des internationalen Kommunismus.

Die Sowjetunion feiert 1987 das 70jährige Jubiläum ihrer Revolution. In dieser Zeit hat sie den Sieg im größten Krieg der modernen Epoche davongetragen und in der Folge ihre Herrschaft über Völker und Länder ausgebreitet, die sie auf den Weg des Kommunismus „geschoben" hat. Auf der riesigen Fläche vom Schwarzen Meer bis zum Eismeer, von der Ostsee bis zum Japanischen Meer, vom Herzen Europas bis in den Fernen Osten umfaßt die Sowjetunion ein Territorium mit unermeßlichen natürlichen Ressourcen. Ihre intensive und fachkundige Nutzung hätte zu einer Fülle von Erzeugnissen aller Art, zur Befriedigung aller Bedürfnisse der Gesellschaft, zu einem auf höchster Ebene angesiedelten materiellen und geistigen Lebensstandard führen müssen. Durch praktische Anwendung des Dogmen- und Losungenkomplexes, der als „marxistisch-leninistische Lehre" bezeichnet wird, hätte sich dieser Entwicklungsprozeß in einer historisch kurzen Zeit entfalten müssen. Erreicht wurde der Wunschtraum nicht, im Gegenteil, die Sowjetunion bietet heute ein desolates Bild des ökonomischen und sozialen Mißerfolges.

Trotz der riesigen landwirtschaftlichen Flächen, über die sie verfügt, ist sie auf den Import riesiger Getreidemengen angewiesen. Die Frage der Wohnungen für industrialisierte Massen wurde immer *noch nicht* gelöst – und es gibt keine Anzeichen, daß die Wohnungsfrage je gelöst wird. Der Sowjetbürger leidet unter einem ständigen Mangel an Lebensmitteln und Konsumgütern, so daß es bereits eine Gewohnheitssache ist, sich bei jeder Schlange anzustellen, ohne zu wissen, was denn überhaupt „verteilt" wird. Die auf dem Markt angebotenen Mengen an Fleisch, Gemüse, Obst- und Milchprodukten entsprechen nie der Nachfrage, selbst wenn ihr Preis sehr hoch ist; z.B. im Juli 1985 wurde auf einem Moskauer Markt, in einer Stadt also, die als besonders gut versorgt gilt, das Kilo Tomaten zu 30 Rubel angeboten – zum Vergleich: ein Durchschnittsgehalt liegt bei 100 Rubel/Monat. Auf der Grundlage dieses chronischen Mangels an gefragten Konsumgütern blüht der Schwarze Markt. Vor den Intershops, die Waren gegen Devisen anbieten, warten Spekulanten mit Rubelscheinen in beiden Händen: sie „jagen" ausländische Touristen, die über Dollars oder westdeutsche Mark verfügen. Die Zahl der Rubelscheine, die sie für einen Dollar anbieten, belegt die geringe die Kaufkraft des Rubels.

Um auf die herrschenden Lebensbedingungen zurückzukommen, ist nochmals festzuhalten, daß der Individualismus zu den isolierten Randerscheinungen gehört. Das Erziehungssystem sieht es auf die gemeinschaftliche Ausbildung in der Schule und danach ab (von den Pioniereinheiten organisierte Tätigkeiten, gemeinsame Ferienaufenthalte usw.). Die Jugend wird vom Komsomol Schritt für Schritt kontrolliert und auf organisierte Tätigkeiten ausgerichtet. Sportvereine, Kulturhäuser dienen diesem Zweck. Die Erwachsenen stehen im Arbeitswettbewerb ihrer Produktionsbrigaden und leben in gemeinschaftlichen Wohnblocks, welche die Kontrolle ihres Privatlebens erleichtern.

Der Mythos der „Weltrevolution" ist in der Sowjetunion sehr verbreitet. Die Parteipolitik verknüpft in geschickter Weise die vermeintliche Bedrohung durch den amerikanischen oder chinesischen Imperialismus mit der Notwendigkeit der „moralischen und materiellen Unterstützung der um ihre Freiheit kämpfenden Völker". Diese Notwendigkeit rechtfertigt einerseits das ständige Elend und andererseits die Ausrüstung der *größten Armee der Welt* mit den besten Waffen. Von ausländischen Militärexperten gemachten Berechnungen zufolge, zählt die Armee der Sowjetunion *mindestens* 25 Millionen Menschen, das ist etwa ein Militärangehöriger auf zehn Sowjetbürger! Selbst wenn wir davon ausgehen, daß die Zahl sehr wahrscheinlich noch überboten wird, ist sie doch geeignet, einige Überlegungen anzustellen, um zu erfahren, wie eine solche Armee auf den Schultern eines Volkes lastet. Bei dem riesigen Atom- und klassischen Waffenarsenal und den damit verbundenen Produktions- und Instandhaltungskosten sowie den Unterhaltungskosten (Verpflegung, Heizung, Bekleidung) für die 25 Millionen *nichtproduktiver* Menschen gewinnt man den Eindruck, daß nicht einmal eine vollkommen organisierte Wirtschaft in der Lage wäre, eine solch gigantische Kriegsmaschine zu tragen. Das sowjetische Wirtschaftssystem ist weit davon entfernt eines der besten zu sein, und doch besteht diese Militärmaschine in Friedenszeiten.

Unter diesen Umständen wird es deutlich, warum das Brot des Sowjetbürgers bitter ist und oft auch völlig fehlt. Das Leben des einfachen Menschen ist arm und perspektivlos. Nach 70 Jahren, in denen alle Generationen so gelebt haben, glaubt er nun schließlich selbst, daß das Leben überall so ist und daß eine Verbesserung nicht möglich sei. Der Sowjetmensch hat sich mit diesem Leben abgefunden. Wer es dennoch nicht tut und sich nicht anpassen kann, der kommt in den GULAG, dem er nie entrinnen wird.

Die westliche Presse macht seit geraumer Zeit viel Aufhebens um die sowjetischen Dissidenten – und so wollen auch wir unsere Meinung dazu sagen, denn uns scheint diese Frage für die UdSSR nicht so gewichtig. Wenn wir feststellen, daß die sowjetischen Dissidenten nicht zahlreich und isoliert sind, haben wir noch nicht alles gesagt. Denn nicht die Zahl der Dissidenten ist wichtig, sondern ihr Echo, die Wirkung ihrer Tätigkeit!

Nach Jahrzehnten organisierten Terrors und systematischer Indokrination wäre nämlich in der Sowjetunion das Ergebnis der Tätigkeit von Dissidenten, selbst wenn sie in öffentlichen Sälen Vorträge halten dürften, genauso desolat wie jetzt. Die Säle blieben leer, keine Leute würden sich hineindrängen. Der Sowjetmensch kann und will nicht auf die Dissidenten hören, und die Erklärung hierfür ist sehr einfach: sein primärer Impuls drängt ihn zum Überleben. Ihm ist bekannt, daß er – nachdem er dem Vortrag gefolgt ist

– vom KGB-Kastenwagen abgeholt werden würde; sollte sein Gespräch mit dem Dissidenten einen rein privaten Charakter gehabt haben, so hilft ihm dies auch nicht: wird der Dissident verhaftet, so wird er ihn in die Angelegenheit schon durch seine Aussagen unter Folter implizieren. Es sind dies Gründe genug für den Sowjetmenschen, möglichst wenig mit Dissidenten zu tun haben zu wollen. *Der Dissident ist ein isolierter Mensch ohne Massenwirkung.*

Aufgrund dieser Überlegungen scheint uns die soziale Bedeutung der Dissidenten in der Sowjetunion gering und wir behaupten, daß dieses Land das Phänomen eigentlich gar nicht kennt. Die Lage in den übrigen kommunistischen Ländern ist ähnlich. Von der Sowjetunion nach demselben Szenario geschaffen und entwickelt, konnten sie zu keinen anderen Ergebnissen führen. Eigene Besonderheiten weisen höchstens die Tschechoslowakei, die DDR, Ungarn und Polen auf.

Die Tschechoslowakei ist unter den kommunistischen Ländern vielleicht das wohlhabendste, der einfache Bürger genießt hier das schmackhafteste Brot, zumal er sich auch noch eine Scheibe Prager Schinken drauflegen kann. Derart einzigartig ist dies in der kommunistischen Welt, daß wir auf den Fall eingehen wollen.

Zunächst sei darauf hingewiesen, daß zum Zeitpunkt ihrer Befreiung durch die sowjetischen Truppen (1945) die Tschechoslowakei eines der am höchsten industrialisierten Länder Europas war. So konnten in der nachfolgenden Periode mit ihrer zwangsweisen Industrialisierung bestimmte unheilvolle Folgen vermieden werden. Die tschechische Industrie ging direkt in die Etappe ihrer Modernisierung über und nimmt heute noch eine Spitzenposition im internationalen Vergleich ein.

Schon vor 1945 war die tschechoslowakische Arbeiterbewegung gut entwickelt und organisiert. Auf ihrer alten Tradition basierend hatte die Arbeiterbewegung in der Tschechoslowakei das Stadium einer vollen Demokratisierung erreicht. Der demokratische Charakter des politischen Lebens der Arbeiterschaft ermöglichte es, daß sich nicht eine Gruppe der Vertreter kommunistischen Typs durchsetzte, sondern eine *echte*, in ständiger Erneuerung begriffene Führungsschicht. So war es denn auch möglich, daß die Abweichungen vom kommunistischen Dogma immer deutlicher wurden und im ,,Prager Frühling" gipfelten, was zur Besetzung des Landes durch Truppen des Warschauer Vertrages (1968) führte. Dieses historische Ereignis bewirkte die ,,Einordnung" der tschechoslowakischen Gesellschaft, die nach den ,,Koordinaten" der reinen Lehre umstrukturiert wurde. Zur Durchführung dieser Umgestaltung bedurfte es nicht allein der Besetzung des Landes, es war auch notwendig ein neues, gerechteres Verteilungssystem für die ganze Gesellschaft zur Anwendung zu bringen. Zwar wurde die tschechoslowakische Arbeiterklasse der demokratischen Errungenschaften beraubt, erhielt jedoch im Ausgleich das Recht in einem gewissen Wohlstand, also *normal* zu leben.

Neben den historischen Voraussetzungen trugen zur gegenwärtigen Lage der Tschechoslowakei auch die geographischen bei. Als Vorposten des kommunistischen Lagers befindet sich die Tschechoslowakei in unmittelbarer Nähe der europäischen Großmächte – Bundesrepublik Deutschland, Frankreich, Großbritannien – und diese Nachbarschaft hat eine doppelte Bedeutung: einerseits ist das Land verwundbar und so muß seine innenpolitische Lage sicher und stabil sein; andererseits ist die Tschechoslowakei der am weitesten vorgeschobene Posten der kommunistischen Front, ein tief in das Herz Europas hineindringendes Messer, eine ,,Startrampe", von welcher aus alle militärischen Ziele in Westeuropa erreicht werden können. Schon aus diesem Grunde wird in diesem Land die größte Anzahl von sowjetischen Raketen stationiert.

Ein weiterer Faktor schließlich, der das Verteilungssystem des Nationaleinkommens wohltuend beeinflußt hat, gehört in den ökonomischen Bereich. Es ist eine der allgemein akzeptierten Feststellungen, daß die Rüstungs- und Instandhaltungskosten der Landesarmeen die wirtschaftliche

Bilanz kommunistischer Länder in entscheidendem Maße belasten. Diese Last bedrückt weniger die tschechoslowakische Wirtschaft, weil dieses Land ganz einfach eine stark entwickelte Rüstungsindustrie hat und zu den weltersten Exporteuren dieser ,,Ware" zählt. Was demnach andere Länder unter dem Stichwort ,,Defizit" registrieren, ist für die Tschechoslowakei ein ,,Profit". Dieser Profit ist neben den andern ein wichtiger Faktor, der das Gleichgewicht der tschechoslowakischen Wirtschaft, den zufriedenstellenden Lebensstandard der Bevölkerung dieses Landes mit gewährleistet.

Dies sind zusätzliche Aspekte, die die bisher beschriebenen Grundspielregeln des Kommunismus keinesfalls annullieren. Da solche historischen, geographischen und wirtschaftlichen Umstände unmittelbar auf einen wesentlichen Bereich des Lebens eines Volkes einwirken, haben sie zur Folge, daß die systemspezifischen negativen Auswirkungen auf das gesellschaftliche Leben verringert werden. Die gesellschaftlichen Beziehungen sind gesünder, die Gesellschaft blieb ,,reiner". Wenngleich die Probleme des tschechoslowakischen Systems geringer sind, bleiben sie doch die alten: die Gruppe der Vertreter ist jetzt geschlossen, die soziale Ungleichheit dauert an, die Abschaffung der Bauernklasse ist weiterhin spürbar, das Auswahl- und Förderungssystem der Kader erzeugt Heuchelei und die Ausbeutung der Arbeitskraft unterliegt denselben Gesetzen der Progression. Die Unzufriedenheit der Massen wird jedoch zunächst von einem anderen, nicht materiellen Faktor hervorgebracht: sie ist politisch begründet und richtet sich gegen die sowjetische Okkupationsmacht. Die Tschechoslowakei ist in der Tat ein von einer fremden Armee besetztes Land und dies ist überall sichtbar. Außerhalb der Städte sind riesige Zonen für sowjetische Truppen und Rüstungsmaterial vorbehalten. In Städten und Dörfern stehen dem Besetzer Wohnblocks, ja ganze Viertel zur ausschließlichen Verfügung. Die sowjetischen Offiziere führen in Lokalen, in Theatern und Kinos ihre Medaillen und Arroganz öffentlich vor.

Es ist ein äußerst schwerwiegender Aspekt, der vom ganzen Volk als belastend empfunden wird. Es ist eindeutig, daß die dem tschechoslowakischen kommunistischen System gebrachten „Verbesserungen" durch den Status eines besetzten Landes annulliert werden. In eine ähnliche Situation geriet – wenngleich auf anderen Wegen und aus anderen Gründen – auch das Volk in der DDR.

Für das deutsche Volk bedeutete das Ende des Zweiten Weltkrieges den völligen Zusammenbruch. Deutschland wurde nicht nur besiegt, es wurde auch völlig zerstört und hatte zu dem Zeitpunkt weder eine Perspektive noch Hoffnungen. Die dezimierte Bevölkerung, in der die arbeitsfähigen Männer eine Minderheit darstellten, begann ein neues Leben unter verzweifelten Bedingungen. Industrie und Landwirtschaft gab es praktisch nicht mehr, demnach auch fast keine Arbeitsplätze, dafür Mangel an Nahrungsmitteln. Der Wohnungsbestand war zu 70 % zerstört, der Wiederaufbau forderte Gelder, die fehlten. Es war keine Lösung in Sicht. Darüber hinaus war das Land von fremden Mächten besetzt und niemand wußte, wann sie abziehen würden. Nach zwei Jahren großer Not und Verzweiflung geschah das Wunder: im Kopfe eines amerikanischen Generals, der die Zustände in Deutschland kannte (er war im Krieg Frontkämpfer gewesen und dann noch ein Jahr in Deutschland geblieben), entstand der Hilfsplan, der später als „Marshallplan" bekannt wurde. Für das deutsche Volk war es damals die helfende Hand schlechthin. Mit diesem Plan begann die Tätigkeit für die Neuorganisierung und den Wiederaufbau des Landes. Der Marshallplan lieferte die für diesen Prozeß notwendigen Gelder für alle, die auf deutschem Boden investieren wollten. Das Leben kehrte allmählich in normale Bahnen zurück. Dieser Prozeß dauerte viele Jahre, es waren Jahre voller Entbehrungen und Opfer, Jahre intensiver Arbeit. Etwa zwanzig Jahre nach dem Kriegsende war die Rekonstruktion der Wirtschaft vollbracht, die Spuren des Krieges waren fast verschwunden. Möglich wurde dies zunächst dank der Arbeitskraft und der Ausdauer des deutschen Volkes, dann aber auch als Folge der neuen politischen Strukturen, des breiten demokratischen Systems, das hier geschaffen wurde, als notwendige Voraussetzung für die Entwicklung des Landes.

Leider fand dieser Prozeß nicht auch in der DDR statt. Als von sowjetischen Truppen besetzter Teil Deutschlands erfreute sich die DDR keiner materiellen Unterstützung beim Wiederaufbau ihrer Industrie oder der Vorteile des Marshallplans (Stalin hatte ihn 1947 abgelehnt, der kalte Krieg hatte begonnen). Die UdSSR erblickte in diesem Territorium eine zukünftige ,,Ablage", ein kommunistisches Land im Werden. So währten hier Hunger und Not bedeutend länger. Vielen Deutschen in der DDR wurde klar, daß eine einzige Lösung verblieben war: die Heimat zu verlassen und in den anderen Teil Deutschlands zu ziehen. Anfangs war dies leicht: Berlin – mit seinem Status als ,,freie Stadt" und den vier Zonen mit freiem Zugang – wurde zum Tor, durch das man nicht in ein anderes Lande gelangen konnte, um inmitten eines anderen Volkes mit fremder Sprache und fremden Bräuchen zu leben, sondern wieder ins eigene Land und zwar an einen Ort, wo es Brot und Freiheit gab.

Die Zahl der Umsiedler wuchs derart, daß dieses Phänomen zu einem regelrechten Entvölkerungsprozeß der DDR führte, dessen Ausmaß selbst den sowjetischen Besatzungstruppen und ihren Marionetten auffiel, die eingesetzt worden waren, um das Land auf den Weg des Kommunismus zu führen. Es folgte eine bewegte Zeit, in der der Exodus mit allen Mitteln verhindert werden sollte, hatte man doch – gemäß den kommunistischen Prinzipien – verwaltungstechnische Zwangsmaßnahmen in die Wege geleitet, statt den Menschen normale Lebensbedingungen zu bieten. Alles gipfelte im Bau der Mauer, die den freien Teil Berlins von der ,,Hauptstadt der DDR" trennt. Es galt das Loch zu stopfen, durch das die Bevölkerung in den Westen gelangte. Proteste, Kundgebungen, Straßenschlachten wurden rasch unterdrückt und das Leben des ,,Landes" wurde normalisiert. Und das Leben mußte in der Tat ,,normal" werden, denn das Beispiel des freien Deutschlands war tief in das soziale Bewußtsein eingedrungen. Moskau mußte seine Position revidieren und die DDR-Führer bemühten sich die Werktätigen besser zu entlohnen und sie mit den notwendigen Waren zu versorgen. Die theoretische Möglichkeit eines neuen Weltkrieges, der just an dem Ort hätte beginnen können, wo der letzte aufgehört hatte, war im Bewußtsein der Menschen im allgemeinen und der Deutschen insbesondere in solchem Maße präsent, daß es auch unter den Mitgliedern der Gruppe der Vertreter Schrecken auslöste und sie bewog, ein neues, gerechteres Verteilungssystem auszuarbeiten und anzuwenden, um der Arbeiterklasse einen besseren Lebensstandard zu sichern. Hinzu kam auch der nationale Faktor, der sich in der direkten oder indirekten Hilfe widerspiegelte, die die Bundesrepublik Deutschland der DDR zu gewähren begann.

Die beiden deutschen Staaten knüpften Kontakte und unterhalten seither sehr rege wirtschaftliche Handelsbeziehungen. Diese Tätigkeit der Hilfe und gegenseitigen Unterstützung, wird von den Bürgern beider Länder im privaten Bereich fortgesetzt. So wurde die Berliner Mauer, die in jeder Hinsicht eine Schande darstellt, zugleich zum ,,Symbol'' eines neuen Lebens, das dem Volk in der DDR geboten wurde, so daß gegenwärtig das Elend und die Mängel des Alltags nicht mehr in demselben Maße spürbar sind wie in ,,befreundeten'' kommunistischen Ländern.

Neben der Tschechoslowakei zeigt die DDR die glänzende Seite des Kommunismus, das, was Kommunismus auch in den übrigen Ländern des Lagers darstellen sollte. Trotzdem kann man auch in der DDR von keiner Unterstützung des Systems durch die breiten Volksmassen sprechen, denn sie sind sich bewußt, daß es ihnen von außen aufoktroyiert wird (die Sowjettruppen halten heute noch das Territorium besetzt – 40 Jahre nach Ende des Zweiten Weltkrieges) und daß der Kommunismus bei allen besseren materiellen Lebensbedingungen im Grunde auch in der DDR nicht anders ist als in der UdSSR oder in Polen.

Die Bewußtseinslage des DDR-Bürgers ähnelt jener des tschechoslowakischen Bürgers, der relative Wohlstand wird von demselben Widerwillen gegen den sowjetischen Okkupanten „ausgehöhlt". Zwar müht man sich ständig um eine Milderung der Lage (ein wichtiges Element der Staatspolitik ist die „Freundschaft und Liebe zur Sowjetunion") und die Parteifunktionäre wirken unermüdlich zu diesem Zweck, doch bleiben zufriedenstellende Ergebnisse aus. Auch hatte die Sowjetunion in den Nachkriegsjahren eine intensive Russifizierungspolitik angestrebt. In der DDR stationierte Soldaten erhielten das Recht einheimische Mädchen zu heiraten und sich in der DDR niederzulassen, doch die Erfolge solcher „Kriegslisten" erfüllten die Erwartungen in keiner Weise.

Kinder aus solchen gemischten Ehen denken, fühlen und sprechen deutsch und zeigen wenig Sympathie für die Heimat ihres Vaters oder Großvaters, die in ihrem Bewußtsein das Land bleibt, aus dem die Okkupationstruppen kommen. Die ehemaligen Sowjetsoldaten sind ihrerseits (obwohl sie ihre ursprüngliche Staatsbürgerschaft ordnungsgemäß beibehalten müssen) fast völlig assimiliert worden und eigentlich zufrieden, daß sie der „Heimat des Kommunismus" entronnen sind!

Es scheint also, daß der Kommunismus – bei allen Konzessionen – nicht in der Lage ist, alle Menschen in jeder Hinsicht zufriedenzustellen. Und gerade auf diesem Gebiet wollte er doch seine Überlegenheit vorzeigen.

Im Hinblick auf Konzessionen, auf Abweichungen vom „wahren", klassischen System des Kommunismus bietet Polen ein außergewöhnliches Beispiel. Polen ist das einzige Land, in dem es eine antikommunistische Bewegung auf gesamtgesellschaftlicher Ebene gibt. Wie konnte der Widerstand, dieser aufrührerische Geist, der offene Kampf in einem Lande entstehen, das von Kommunisten geführt wird? Bei der sensationellen Art dieser Erscheinung können wir hier keine erschöpfende Antwort liefern. Auf einige Details wollen wir jedoch eingehen.

Historisch gesehen hatte Polen, wie übrigens auch Jugoslawien und die Tschechoslowakei, nicht gegen die Sowjetunion gekämpft, sondern sich dem deutschen Angriff widersetzt. So erfreute es sich von Anfang an einer gewissen Freiheit: Polen wurde von Sowjettruppen nicht effektiv besetzt, so daß der Wiederaufbau der Gesellschaft einen eigenen Weg beschreiten konnte. Die Grundstrukturen wurden zwar auch hier vom Kreml aufgezwungen, nur hat sie das polnische Volk unter spezifischen Bedingungen aufgenommen. Polen gehörte zu den Ländern, in denen der Katholizismus von Anfang an am Kampf ums nationale Überleben teilgenommen hat. Die Kirche ist heute genauso einflußreich wie sie es 1945 war. Das Volk ließ eine Zerstörung der Kirchen nicht zu, die Anti-Glauben-Kampagne (wie sie jeder kommunistischen Revolution eigen ist) fand nicht statt. Die Priester bewahrten ihren Einfluß auf das gläubige Volk, und so mußten sich die Kommunisten von Anbeginn mit der eingeschränkten Macht abfinden. Die Bauernklasse wurde nicht dezimiert, die Böden nicht in den Besitz des Staates übereignet, die privaten Bauernhöfe blieben vorherrschend. Diese „Halb-Schlaffheit“ bewirkte sicherlich auch die Entwicklungen dieses Landes.

Die polnischen Kommunisten konnten ihre Macht und ihren Einfluß auf die Massen nie vollkommen ausüben und mußten sich einer gewissen Kritik aussetzen, eine für das kommunistische System einzigartige Erscheinung. Zwar eingeschränkt und verfolgt, äußerte sich diese Zensur dennoch permanent. Im Vergleich zu den übrigen kommunistischen Ländern erlebte Polen die bewegteste Nachkriegsgeschichte. An der Spitze des Staates und der kommunistischen Partei wechselten sich fünf „Persönlichkeiten“ ab, denn keine konnte einen eigenen Clan aufbauen und die Macht voll unter Kontrolle halten. Politische Instabilität ist das Merkmal dieses Landes, das es zu einer Einzelerscheinung im kommunistischen Lager macht, die dem Typ kommunistischer Diktatur wesentlich widerspricht. Die kommunistische Partei mußte andere „Parteien“ neben sich akzeptieren, die –

selbst wenn sie keine gegensätzlichen Programme haben – doch . . . nichtkommunistisch sind. Schwerwiegender ist jedoch, daß die kommunistische Partei einsehen mußte, daß sie nicht unfehlbar ist, Fehler gemacht hat und in ihrer wirtschaftlichen Politik immer noch macht!

Die Arbeiter bilden von der Partei nicht kontrollierte Organisationen, die *sich der Partei widersetzen*. Explosive Situationen gibt es immer wieder, die „Solidarität" und Lech Walesa sind dafür ein Beispiel. Die Ausrufung des Kriegsrechts 1981 war keine Lösung, nur ein Beruhigungsmittel: die Massen wurden „überzeugt" auf den Generalstreik zu verzichten, doch die Opposition und ständige Kritik am kommunistischen System vermochte man nicht vollständig zu verbieten. Die kritische Lage Polens dauert bereits seit fünfzehn Jahren an und die Partei hat noch immer kein effizientes Gegenmittel gefunden. Es entstand die einmalige Situation, daß die Dissidenten den „Weg" zum ganzen Volk gefunden hatten, daß die antikommunistische Bewegung einen allgemeinen Charakter erhalten konnte und *nun alle gesellschaftlichen Schichten umfaßt*.

Andererseits trägt das politische Bewußtsein der Massen dazu bei, daß der Kommunismus weiter an der Macht bleibt. Man weiß, daß jeder Umsturzversuch unweigerlich zur Besetzung des Landes durch sowjetische Armeen führen würde. Die Erfahrungen Ungarns und der Tschechoslowakei sind nicht vergessen und bestimmen noch immer die Haltung des polnischen Volkes.

Unter diesen Voraussetzungen führt das polnische Volk dasselbe Leben wie die anderen Völker im kommunistischen Machtbereich. Es weist aber auch einige ungewöhnliche Aspekte auf. So finden wir hier einen entwickelten freien Markt, der sich bemüht, die Mängel der staatlichen Einrichtungen aufzufangen. Es gibt auch andere Zeichen der Volksmacht: die öffentliche Diskussion (in der Presse, im Rundfunk, am Fernsehschirm) der gesellschaftlichen Probleme und Schwierigkeiten und, was noch wesentlicher ist, die Annahme wirtschaftlicher Lösungen, die mit den kommunistischen nichts gemein haben. Diese Lösungen beschränken sich zwar auf einzelne Produktionsbereiche oder Unternehmen (zum Beispiel: ein Unternehmen wird geschlossen, weil es unrentabel ist), doch sind solche Erscheinungen völlig ungewöhnlich und gehören nicht zum Modell des „wahren" Kommunismus.

Unterstützt auch durch die materielle und moralische Hilfe der verhältnismäßig zahlreichen polnischen Emigranten in England und den USA sowie durch den moralischen Beistand der Arbeiter der ganzen Welt, gelang es der polnischen Arbeiterklasse und dem polnischen Volk eine breite Opposition aufrechtzuerhalten.

Gemessen an den Ereignissen in Polen erscheinen die seltenen Einzelrevolten (wie die Dissidentenbewegung) in den übrigen kommunistischen Ländern als nebensächlich und ohne größeres Gewicht. Nur der Mut und die Opfer dieser Einzelkämpfer, die sich der Repression aussetzen, läßt sie positiv einschätzen. Leider haben ihre Handlungen keinen Einfluß auf das System. Für Polen trifft dies nicht zu, weil hier das kommunistische System selbst um sein Überleben bangt.

Trotz all dieser Voraussetzungen muß man im Hinblick auf die Zukunft dieses Landes eher pessimistisch sein. Aus unserer Sicht haben lediglich konjunkturbedingte Umstände und andersgesetzte politische Prioritäten eine Intervention der Sowjetunion verhindern können. Die Gefahr einer solchen Intervention bleibt auch in Zukunft bestehen, auch wenn Polen zur „Normalität" zurückkehrt und die Normen des kommunistischen Lebens wieder in ihre Rechte eingesetzt werden.

Wir können keine revolutionären Abweichungen vom beschriebenen Prototypen der kommunistischen Gesellschaft feststellen. Zur Diskussion stünden vielleicht noch China und Ungarn. Das chinesische Experiment steht jedoch erst in seinen Anfängen und wir besitzen zu wenige Angaben, um es einschätzen zu können, wie weit es gehen und wie lange es dauern wird.

Ungarn mit seiner Warenfülle, die dem Volk zur Verfügung gestellt wird, scheint sich am Ende einer Periode zu befinden. Das vielgelobte „neue" Wirtschaftssystem gründet eigentlich auf einer doppelten Ausbeutung der Arbeitskraft: Arbeitsstunden für den Staat und private Arbeit, von der der Staat ebenfalls seinen Anteil abschöpft.

Jugoslawien – wo die „Arbeiterselbstverwaltung" faktisch nie zustandekommen konnte, Bulgarien – mit seinem ausgeprägten Gehorsam gegenüber der Sowjetunion, Rumänien – diese „südamerikanische" Republik, die zutiefst in Elend und Persönlichkeitskult versinkt, Albanien – mehr als jedes andere kommunistische Land von stalinistischen Dogmen eingeschnürt, Nordkorea – mit der Vergötterung seines Präsidenten und dessen Nachfolgers, Vietnam – verharrend in seiner militärischen Macht und in wirtschaftlichem Elend, alle diese Länder und Völker sind jedes für sich und alle gemeinsam hervorragende Beispiele für die genaue Anwendung der von uns dargelegten „Prinzipien". Der Kommunismus ist überall derselbe und eine irgendwie geartete Verbesserung ist kaum vorstellbar. Sollte sie sich dennoch irgendwo ereignen, hätten wir es mit systemverändernden Ansätzen zu tun. . .

Mangelnde Effizienz – versteckte Arbeitslosigkeit

In allen Reden und Stellungnahmen der Führer von kommunistischen Parteien gibt es drei wiederkehrende Hauptthemen, die den Eindruck erwecken, man würde sich permanent um Lösungen bemühen. Es geht um die Verbesserung der Wirtschaftseffizienz durch Hebung der Arbeitsproduktivität, um die Hebung des Lebensstandards und um die Erhaltung des Weltfriedens. Die Lösung dieser Probleme würde die kommunistische Gesellschaft auf einen höheren Stand des materiellen und moralischen Lebens heben – was ja das Hauptziel ist!

Zwischen den Worten und Erklärungen der kommunistischen Parteien einerseits und der eigentlichen Tätigkeit dieser Parteien andererseits gibt es jedoch wesentliche Unterschiede, so daß diese *Probleme des Kommunismus* anders zu verstehen sind, als sie vorgestellt werden.

Zugleich ist darauf hinzuweisen, daß es neben diesen Problemen auch andere gibt, die die kommunistischen Führer in gleichem Maße beschäftigen, wenngleich sie es nicht für opportun halten, sie vor der Öffentlichkeit breitzutreten. Sie könnten nämlich auf keinerlei Unterstützung zählen (kommunistische Gesellschaften sind nicht daran gewöhnt befragt zu werden). Die Enthüllung solcher Anliegen würde zu keinem anderen Ergebnis führen, als die Überlegenheit des Kommunismus in Frage zu stellen.

Durch das Aufgreifen der Wirtschaftsproblematik gesteht die Gruppe der Vertreter, daß die kommunistische Wirtschaft unter Ineffizienz leidet. Diesen Sachverhalt vor dem Ausland verbergen zu wollen, ist schon durch die Offensichtlichkeit der „Ergebnisse“ unmöglich, vergleicht man sie mit fortgeschrittenen kapitalistischen Ländern. Doch selbst wenn man feststellen wollte, daß die kommunistische Wirtschaft „gut geht“, bliebe das Problem akut, zu groß ist der Rückstand zur kapitalistischen Wirtschaft.

Dieser Fragenkomplex bereitet der Gruppe der Vertreter offenkundig wachsende Sorgen. Wie jeder andere Unternehmer, Eigentümer oder Hersteller wissen auch die Kommunisten, daß der einzige Weg zu mehr Effizienz über eine höhere Arbeitsproduktivität führt. In jeder Gesellschaft bestimmen verschiedene Faktoren den Stand der Arbeitsproduktivität. Zu ihnen gehören:

1. die Art der Produktionsverhältnisse,
2. der Stand der technischen Ausrüstung,
3. die Organisationsweise der Produktion,
4. der allgemeine und berufliche Ausbildungsstand der Arbeitenden,
5. die Arbeitstradition,
6. das gesellschaftliche Verhalten.

Der Stand der Arbeitsproduktivität ist das Ergebnis der Interaktion dieser natürlichen, technischen, wirtschaftlichen und gesellschaftlichen Faktoren. Werden nur einige dieser Faktoren gesondert in Betracht gezogen, so läßt sich der Stand der Arbeitsproduktivität nicht korrekt interpretieren. Der Stand der gesellschaftlichen Arbeitsproduktivität stellt eine Synthese des technischen, wirtschaftlichen, sozialen, kulturellen und politischen Entwicklungsstandes einer Gesellschaft dar.

Diese Grundwahrheiten über die Arbeitsproduktivität werden im Kommunismus nur theoretisch akzeptiert. Praktisch bemüht sich die Gruppe der Vertreter den Stand der Arbeitsproduktivität dadurch zu heben, daß sie nur auf den einen oder anderen dieser Faktoren einzuwirken versucht, was keine zufriedenstellenden Ergebnisse zeitigen kann. Das bescheidene Niveau der Arbeitsproduktivität verweist eben auf die Vernachlässigung der *Gesamtheit* der Faktoren, die eine Verbesserung zur Folge haben könnte. Wie ist nun die

Beschaffenheit der Faktoren, welche die Arbeitsproduktivität bedingen?

Die kommunistischen Produktionsverhältnisse charakterisieren sich durch eine ständige Ausbeutung der Arbeitskraft, was zur Folge hat, daß der Arbeiter seine Motivation und sein Interesse an der Hebung der Arbeitsproduktivität verliert. Diese Einzelhaltung ist auf die gesamte Produktion zu verallgemeinern und wird so zu ihrem eigentlichen Charakteristikum. Alle Produktionsverhältnisse in der kommunistischen Gesellschaft lassen sich auf diesen gemeinsamen Nenner bringen; demnach spiegelt die gesellschaftliche Arbeitsproduktivität nur die niedrige Arbeitsproduktivität des einzelnen wider.

Der Stand der technischen Ausrüstung ist ebenfalls nicht geeignet zur Hebung der Arbeitsproduktivität beizutragen. Die Investitionen in die wissenschaftliche Forschung sind – mit Ausnahme des militärischen Sektors – minimal. Die technische Entwicklung beruht auf der Anschaffung von Apparaten und Maschinen aus kapitalistischen Ländern. Dieses „Einlaßventil" für neue Technik wird jedoch infolge der geringen finanziellen Mittel (Devisenmangel) und aufgrund von Handelsbeschränkungen (Embargos) immer wieder mal geschlossen. Die eingeführte Technik soll aber irgendwie zur Entwicklung beitragen. Der Vorgang ist schwierig und wird von der Inkompetenz jener unterhöhlt, für die es weniger auf die Perspektiven ankommt als auf das Sofortgebot der unmittelbaren Planerfüllung.

Diese scheinbar rettende Lösung verführt nun die Planer zur drastischen Reduktion des spezifischen Verbrauchs, was die Produzenten in die schwierige Lage versetzt höhererwertige Rohstoffe zu ersetzen, was seinerseits unzulängliche Produkte zur Folge hat, ohne daß dabei die Arbeitsproduktivität erhöht worden wäre. Da weder eine Verbesserung der Produktionsverhältnisse noch eine bessere Ausrüstung zu haben sind, wird mit aller Gewalt darauf bestanden, daß mit wenigen und minderwertigen Ausrüstungen und Rohstoffen trotzdem mehr produziert wird. So wird die Organisationsweise der Produktionstätigkeit zum wichtigsten Hebel bei der Hebung der Arbeitsproduktivität. Dieser Hebel wird oftmals *zu sehr* in Anspruch genommen, er soll nämlich auch die Defizite der übrigen Faktoren ausgleichen.

Die Organisation des Produktionsprozesses bzw. die Arbeitsorganisation nach Arbeitsgruppen, -brigaden, Abteilungen usw. beabsichtigt die strenge Unterordnung eines jeden, die praktische Möglichkeit der Kontrolle und Überwachung. Möglich wird auf diese Weise auch die Heraufsetzung der dem einzelnen zugeteilten Aufgabe, die bessere Zusammensetzung der Arbeitsgruppen, die Förderung der „Guten", die Bestrafung derjenigen, die zurückbleiben usw. Die Kommunisten sehen in der Arbeitsorganisation den entscheidenden Faktor bei der Hebung der Arbeitsproduktivität. Die Hebung der Arbeitsproduktivität vollzieht sich meistens und hauptsächlich zu Lasten der Arbeitskraft.

Die übrigen erwähnten Faktoren (der allgemeine und berufliche Ausbildungsstand des Arbeiters, die Tradition, das soziale Verhalten) werden von den kommunistischen Führern interessenlos behandelt, da sie auf den einzelnen bezogen sind, der eigentlich keine andere Rolle spielen sollte, als ein Rädchen im gesellschaftlichen Produktionsprozeß zu sein. Bei der Analyse der Arbeiterklasse haben wir bereits darauf hingewiesen, daß ein solches Produktionssystem kein Interesse hat, daß der Arbeiter sich viele technische und allgemeine Kenntnisse aneignet. Eine fachliche Kompetenz über das unbedingt Notwendige hinaus wird nämlich zum Hemmschuh bei der Durchsetzung des Systems aufblasbarer Normen. Aus der Sicht der Gruppe der Vertreter ist der Taylorsche Arbeitertyp der beste, weil er während seines ganzen Lebens ein und dasselbe Stück produziert oder ein und denselben Arbeitsgang ausführt. Auch auf den Rest der Produktionshierarchie, bei Meistern und Ingenieuren, wird dasselbe Prinzip angewendet.

Unter industrieller Tradition verstehen wir die Vererbung von Gebräuchen, Vorgehensweisen und Arbeitsmethoden von einer Generation auf die andere als Spezifikum von Unternehmen, Industriezweigen oder Wirtschaftsbereichen. Diese klassische Deutung des Begriffs findet keine Anwendung im Kommunismus. Den Nachkommen werden weniger die besten Arbeitsmethoden anvertraut – viel eher die Möglichkeiten die eigene Arbeitskraft zu sparen, weniger zu arbeiten, um so der Ausnutzung zu entgehen. Die jungen Arbeiter lernen, wie man am glaubwürdigsten Arbeit vortäuscht und wie man am geschicktesten die Qualitätskontrolle „drankriegt". Erinnern wir noch an die große Unbeständigkeit der Arbeitskraft in einer Wirtschaft, die eine bessere Entlohnung nicht will und nicht kann; an die Notwendigkeit, die Arbeitsbedingungen ständig zu verändern, um die unaufhörlich wachsenden Planziffern zu erfüllen; an das Entlohnungs- und Förderungssystem der Kader, das nie den Besseren bevorzugt – dann gewinnen wir ein vollständiges Bild von dem vergeblichen Versuch die Arbeitsproduktivität tatsächlich zu steigern.

Die Anstrengungen der Gruppe der Vertreter, die durch die Hebung der Arbeitsproduktivität eine Verbesserung der wirtschaftlichen Effizienz anstreben, berücksichtigen nicht alle Faktoren, sondern beschränken sich auf die periodische Neu- und Umorganisierung des Produktionsprozesses. Unter diesem Blickwinkel sind die Anstrengungen der kommunistischen Führer zu sehen. Im Endergebnis sollten sie sich in einer Verbesserung des Lebensstandards widerspiegeln.

Was hindert eigentlich den Kommunismus daran, der Gesellschaft einen höheren Lebensstandard zu sichern? Zunächst glauben wir gar nicht, daß die Hebung des Lebensniveaus der Massen die Gruppe der Vertreter in der Tat beschäftigt. Auf der Liste ihrer Prioritäten ist dieses Problem nicht vorgemerkt. Wenn sich diese Gruppe um die Hebung des Lebensstandards bemüht, dann geht es ihr nicht um die Gesellschaft, sondern um den eigenen Lebensstandard. Man braucht gar nicht zu hoffen, daß die Gruppe der Vertreter je geneigt sein wird, auf irgendeinen noch so kleinen Vorteil zugunsten der Gesellschaft zu verzichten. Dies erklärt auch, warum der einfache Mann in der kommunistischen Gesellschaft solche Erklärungen überhaupt nicht ernst nimmt, hat er doch im Laufe von Jahrzehnten einschlägige Erfahrungen gewonnen. Eher scheinen ihn die westlichen Massenmedien zu beeindrucken.

Doch selbst wenn die kommunistischen Führer eine Verbesserung der Lebensbedingungen ihrer Gesellschaften anstreben wollten, sie würden enormen Schwierigkeiten begegnen. Noch schwerer wiegt, daß die Schwierigkeiten sich aus den allgemeinen Prinzipien des Kommunismus ergeben und ihre Überwindung den Verzicht auf eben diese Prinzipien bedeuten würde. Um Waren und Dienstleistungen der ganzen Gesellschaft in Überfluß zur Verfügung zu stellen, müßte die Gruppe der Vertreter nicht allein auf einen bedeutenden Teil dessen verzichten, was sie für sich und ihre Armee abzweigt, sie müßte auch ihre Politik permanenter und versteckter Aggression und die „Stützung" der Pseudo-Revolutionen „zur sozialen und nationalen Befreiung" in den Ländern der Dritten Welt aufgeben. Sie müßte also die Verteilungsprinzipien des Nationaleinkommens wesentlich verändern, vor allem durch Modifizierung der auf Expansion gegründeten Außenpolitik. Dies würde dann zu einer vollständigen Änderung der allgemeinen Politik des Kommunismus, wie sie von Lenin und Stalin geschaffen und entwickelt wurde, führen – was wohl kaum möglich ist. Der „Kampf" findet demnach nicht statt.

Zu Beginn dieses Kapitels äußerten wir unsere Ansicht, daß die wahren Probleme des Gegenwartskommunismus woanders zu suchen sind. Welches sind nun die wichtigsten Probleme? Da sie weniger bekannt sind, wollen wir länger bei ihnen verweilen. Eigentlich sind sie ein bestimmter Aspekt der eingestandenen Probleme, jedoch sozusagen die „nicht sichtbare Seite des Mondes".

So sehr die Gruppe der Vertreter auch den Akzent auf die Ausbeutung der Arbeitskraft setzt, sie kann den technischen Faktor, die dringende Notwendigkeit des technischen Fortschritts nicht unberücksichtigt lassen. Die rasche technische Entwicklung der Produktionsmittel, verbunden mit einer hohen Steigerungsrate der Arbeitsproduktivität, zwingt die Gruppe der Vertreter die Einführung neuer Techniken voranzutreiben. Es kann ohne weiteres behauptet werden, daß das kommunistische System gegenwärtig nicht von innen, sondern von außen her auf dieses Problem gebracht wird. Nicht interne Interessen sondern eine außenpolitische Motivation bedingen ihre Bemühungen um die Entwicklung der eigenen Produktionstechnik.

Der Kommunismus hat in der Tat eine „Arbeiterklasse“ geschaffen und entwickelt, die fast die ganze Gesellschaft erfaßt. Das Wirtschaftssystem an sich beruht auf der Ausbeutung dieser „Arbeiterklasse“ und seine Entfaltung geht aus von der ständigen Intensivierung dieser Ausbeutung. In den letzten Jahren mußte jedoch das kommunistische Wirtschaftssystem zur Einsicht kommen, daß allein der Faktor „Produktionsorganisation“ nicht in der Lage ist, die nötige Effizienz der Wirtschaft zu erreichen. Da die Art der Produktionsverhältnisse nicht zur Debatte steht, bleibt der Stand der technischen Produktionsausrüstung als Einwirkungsmöglichkeit. Um so gewichtiger ist diese Erkenntnis, wenn wir festhalten, daß das kapitalistische System schon lange vorher zu diesem Schluß gekommen ist und über einen beträchtlichen Vorsprung verfügt. Das immer weitere Auseinanderklaffen der Wirtschaftssysteme bedeutet praktisch ein Wachstum der Macht der bürgerlichen Länder und eine Schwächung der Wirtschaftsmacht des kommunistischen Systems.

Es sind außerordentlich schwerwiegende Gründe, die auf diese Weise dem System von außen aufgedrängt werden und berücksichtigt werden müssen. Ohne das konkurrierende bürgerliche Wirtschaftssystem, das sich gerade durch die ständige Verbesserung seiner technischen Ausrüstung entwickelt hat, hätte es sich der Kommunismus durchaus leisten können diesen Faktor zu vernachlässigen oder in die „Zukunft“ zu verweisen; denn eine höhere Technisierung hat auch negative Seiten – u.a. die Reduzierung des Bedarfs an Arbeitskräften.

Wenn nun Ökonomien kapitalistischen Typs dieses Risiko eingehen können (für die Arbeitgeber wie für den Arbeitnehmer ist dieses Problem nicht neu), so ist für die kommunistische Wirtschaft dieses Problem gravierend, denn der Verzicht auf menschliche Arbeitskraft bedeutet letzten Endes die Infragestellung des gesamten politischen und wirtschaftlichen Systems, so wie es bisher aufgefaßt wurde. Wenn für die Gruppe der Vertreter dies eigentlich kein Grund zur Aufregung wäre (sie kümmert sich ebenso wenig darum wie der Privateigentümer), für die Kommunisten ist doch die Frage, wohin mit diesen überflüssig gewordenen Arbeitskräften, viel schwerer zu lösen. Ein verzwicktes Problem für die kommunistischen Führer, die nach politischen Lösungen, nach überzeugenden Losungen suchen, um die 180-Grad-Wendung plausibel zu machen und zu verwirklichen. Kommunistische Dogmen lassen sich jedoch nicht so einfach verändern. Die Vorstellung einer landesweiten Robotisierung der Produktion in der kommunistischen Gesellschaft löst blankes Entsetzen aus. Die Arbeiterklasse würde sich in eine parasitäre, nichtproduktive Klasse verwandeln – eine für die Gruppe der Vertreter unvorstellbare Situation. Selbst die Existenz der jetzigen Parasiten – der Parteifunktionäre und der Militärs – würde in Frage gestellt. Die „Erziehung" der Massen verlöre ihren Sinn, die Armeen müßten reduziert werden, da sie nur noch nach außen eine Funktion hätten. Schließlich würde die intellektuelle Schicht an Bedeutung gewinnen, eine quantitative Veränderung durch Zuwachs und eine qualitative durch mehr Kompetenz. Begriffe wie Produktion, Produktivität, Arbeitskraft, Verteilung und Konsum, Bedürfnisse und Interessen, Prioritäten u.a. bekämen eine neue Bedeutung. Aber auch die politischen Kategorien würden Umdeutungen erfahren – und dies wäre viel folgenreicher. Ganz weit gefaßt: die technische Revolution könnte Revolution und politische Evolution des Kommunismus ersetzen.

Andererseits bedeutete ein Verzicht auf die Robotisierung der Produktion zugleich wirtschaftliche Stagnation und wachsenden wirtschaftlichen Abstand zu den entwickelten kapitalistischen Ländern. Noch sind wir am Anfang eines Prozesses, der jedoch bereits jetzt Unruhe und Unsicherheit bei den Entscheidungsträgern der kommunistischen Welt stiftet, zumal Sowjetarbeiter auf die Robotisierung heftig reagiert haben, eine schon „instinktive" Reaktion wie die der Vorfahren vom Ende des 19. Jahrhunderts, die in Werkstätten und Manufakturen die neuen Maschinen zerstörten.

Eine Art „Umschulung" der Arbeiter mit kommunistischem Vorzeichen beobachten wir bereits: sie werden in die Landwirtschaft „geschickt". Da jedoch solche Maßnahmen wieder formell in Gang gesetzt wurden, d.h. ohne eine materielle Absicherung – durch Schaffung von Lebensumständen wie in den Städten, blieben positive Ergebnisse aus.

Ehemalige Facharbeiter kehren in die Städte zurück oder verlassen sie erst gar nicht. Sie übernehmen auch nichtqualifizierte Arbeiten und verlieren so allmählich ihre Fachqualifikation. Auf die politischen Folgen solcher „Lösungen" brauchen wir nicht mehr einzugehen.

Selbst wenn nun die aktuelle Dringlichkeit der Frage nicht so groß ist, sie gehört zu den täglichen „Koordinaten" der Auseinandersetzung mit dem Kapitalismus und bleibt eine Sorge für die kommunistische Welt. Die Auseinandersetzung mit dem bürgerlichen Feind erhielt neue Züge durch die Evolution und Transformation des kapitalistischen Systems. In seinen Anfängen hatte sich dieses System als ein Konglomerat von Staaten unterschiedlicher Ausprägung dargestellt, in dem jeder seine Individualität bewahrte und von denselben systemeigenen Schwächen unterhöhlt wurde: von sozialer und wirtschaftlicher Ungleichheit. In den letzten Jahrzehnten ist es jedoch zu einem homogenen System geworden, das sich um eine Supermacht gruppiert und das seine Strukturen wesentlich modifiziert hat, um stärker und gesünder zu werden. Seine von Marx und Engels angekündigte Auflösung traf nicht ein, an ihrer statt beobachten wir einen Fortschritt auf allen Ebenen. Die Wirtschaft wird in größerem Maße den gesellschaftlichen Interessen untergeordnet (der Staatssektor umfaßt in der Regel nur die Schlüsselbereiche), die Gewerkschaften sind unabhängig und stark, das gesellschaftliche Leben kennt ein hohes Niveau von Demokratie. Gibt es einen besseren Beweis als die Wiedergeburt und Entwicklung der im letzten Weltkrieg besiegten Länder, den unvorstellbaren Sprung nach vorne, den ihre Wirtschaft gemacht hat? Sie haben verlorenen Boden wettgemacht, einigen von ihnen, wie Japan und der Bundesrepublik Deutschland ist es sogar gelungen, mit bürgerlichen Strukturen (Privateigentum, freier Markt, soziale Demokratie) große Wirtschaftsmächte zu werden. Gibt es für den Kommunismus ein entmutigenderes Beispiel als das, was in Japan geschieht?

Fernost fordert heraus

Der japanische Kapitalismus wendet eine originelle sozial-ökonomische Formel erfolgreich an, den sogenannten „Paternalismus". Auf der Grundlage einer Prinzip-Losung, daß jeder Arbeiter auch Unternehmer ist (im Kommunismus blieb es nur bei der Losung!), eines Prinzips, das schon in der Sicherung des Arbeitsplatzes auf Lebenszeit eine praktische Einlösung findet (die Angst vor der Arbeitslosigkeit wird genommen), wie übrigens auch die „Mitarbeit" in der Produktion (regelmäßige Beratungen mit allen Produktionsteilnehmern ungeachtet ihres Platzes in der Produktionshierarchie), vermochten die japanischen Unternehmer ein günstiges Klima für eine wirtschaftliche Effizienz höchstens Ranges zu schaffen (indem die Arbeitsproduktivität durch Beeinflussung aller Faktoren erhöht wurde). Die Arbeitgeber haben die Notwendigkeit des Verzichts auf einen Teil ihrer Produktionsgewinne verstanden und eine gerechtere Verteilung des Mehrprodukts akzeptiert. Die Arbeiterklasse konnte tatsächlich annehmen, sie sei dazu berufen, an der Führung des Produktionsprozesses teilzunehmen. Und es ist schwer diesen Glauben zu widerlegen.

Die günstigen Folgen des japanischen Paternalismus äußern sich auch in anderen Situationen: in extremen Fällen, z.B. wenn ein unrentables Unternehmen geschlossen werden muß, werden die Arbeiter auf Kosten des Arbeitgebers umgeschult. Nur ein Drittel der gesamten Arbeiterzahl sind Gewerkschaftsmitglieder. Die japanische Gesellschaft kennt die Arbeitslosigkeit fast nicht. Dieses in den Grundlagen gesunde Produktionssystem machte den japanischen Erfolg möglich und läßt die japanische Gesellschaft gedeihen.

Auf die Probleme einer hohen technischen Ausrüstung haben wir hingewiesen. Als eines der fortgeschrittensten kapitalistischen Länder kennt Japan dieses Problem genau und bemüht sich um eine Lösung. So stieß beispielsweise die Robotisierung der japanischen Automobilproduktion auf keinen Widerstand bei den Arbeitern, weil ein wohlüberlegter Maßnahmenkomplex rechtzeitig durchgesetzt werden konnte. Roboter wurden bei besonders schweren Arbeitsgängen eingesetzt. Die freigewordenen Arbeiter wurden umgeschult und an leichteren Arbeitsplätzen untergebracht. Manche wurden sogar Kleinkapitalisten (Vertragsbeteiligte von Großunternehmen, die Zulieferteile herstellen oder beim Auto-Service Dienst leisten). Den sanften Übergang förderten auch die günstige wirtschaftliche Konjunktur durch das ständige Wachstum der Exporte, die spezifischen Arbeitgeber-Gewerkschaften-Beziehungen und die innerbetriebliche „Harmonie".

Die Japaner blicken relativ optimistisch in die Zukunft der Entwicklung der Computertechnik und der Industrieroboter. Ihre Hoffnung richtet sich auf die Jugend, die in den Schulen eine hohe Ausbildung genießt (die höchste Erziehungsleistung je Schüler im Weltmaßstab!) und „nicht Arbeiter, sondern Techniker" werden möchte, in Einklang mit den Erfordernissen der Computerisierung der Produktion. Das Beispiel Japans scheint uns die These von der Erneuerung des Gegenwartskapitalismus überzeugend zu veranschaulichen und führt eindeutig die positiven Veränderungen des Systems vor Augen.

Wie kann nun der Kommunismus die Zielsetzung der „Einholung und Überholung" dieses Systems überhaupt noch aufrecht erhalten und beweisen, daß das bürgerliche Demokratiesystem überlebt und falsch ist, daß die auf freier Marktwirtschaft begründete Ökonomie unrentabel ist und daß sich die bürgerlichen Gesellschaften in Auflösung befinden. Die Grundlage für solche Losungen, nämlich die von Marx und Engels unternommene Kritik des kapitalistischen Systems, verliert immer mehr ihre Aktualität und es wird immer schwieriger die alten Losungen durch neue zu ersetzen. Denn die Kapitalisten haben aus dem ,,Kapital" mehr gelernt als das Proletariat, während die sozialistische Gesellschaft alle Schwächen des Kapitalismus übernommen hat und sich darin nur wenig von der alten bürgerlichen Gesellschaft unterscheidet.

Es ist eine der schwierigsten Fragen, mit denen der Kommunismus konfrontiert wird. Und da er es schon lange aufgegeben hat den Kapitalismus durch Krieg zu liquidieren, bleibt nichts anderes übrig als ihn zu ,,überholen". Doch hierzu fehlen die Mittel, was die Angelegenheit besonders kniffl ig macht.

Die Frage eines Krieges gegen die bürgerlichen Staaten (ein Krieg, der kein Weltkrieg ist, ist nicht mehr vorstellbar) wäre die letzte ,,Lösung". Die Fragestellung verändert sich, wenn von anderen potentiellen Feinden die Rede ist. Und die gibt es. Denkbar wäre das kommunistische China.

Es mag merkwürdig erscheinen, aber das kommunistische China begann früh sich von der Sowjetunion zu distanzieren, die doch die kommunistische Revolution moralisch und vor allem materiell unterstützt hatte. Den Distanzierungsprozeß bedingte anfangs die große Enttäuschung darüber, daß sich die Sowjetunion gegenüber den Anfangsschwierigkeiten passiv verhielt. Die Unzufriedenheit der Volksrepublik China mit der Sowjetunion wurde auch von politischen Unstimmigkeiten (Mao selbst verhielt sich kritisch zu den Nachfolgern Stalins) und von den schwachen Ergebnissen der wirtschaftlichen Zusammenarbeit genährt. Geleitet von dem Grundsatz ,,wer nicht mit uns ist, ist gegen uns", trug auch die Sowjetunion selbst zu dieser Distanzierung bei. Zeitweilig kam es zu einem nichterklärten Kriegszustand unter dem klassischen Vorwand der Grenzverletzungen. Entscheidend bei der Gestaltung der Beziehungen war jedoch das Unvorhergesehene: China wurde zur Nuklearmacht. Seit neuestem beschreitet die Volksrepublik einen ,,revisionistischen" Wirtschaftsweg, von dem man noch nicht weiß, wohin er führen wird. Diese Entwicklungen stellen das kommunistische Lager vor ein schwieriges Problem, schaffen eine potentielle neue Gefahr, die – durch das Auftreten der neuen Wirtschafts-Supermacht Japan – als „die gelbe Gefahr" umschrieben werden kann.

Hält man sich vor Augen, daß sich die chinesische Gesellschaft infolge der Überbevölkerung in einer kritischen Lage befindet, so sind die Gründe, welche die chinesische Führung zu einer militärischen Expansion bewegen könnten, nicht zu vernachlässigen. Hierzu gesellen sich auch „traditionelle" Motive wie die Frage nach der Mongolei und der nördlichen Mandschurei, die von China zurückgefordert werden, und das den Chinesen liebgewordene Prinzip „Asien den Asiaten!" Ein solcher Motivkomplex lassen die Sowjetunion eine besondere Wachsamkeit gegenüber ihren chinesischen Nachbarn walten. Die Bedrohung kann immer akut werden. Die Sowjetunion hat eine langfristige Strategie gegenüber den kapitalistischen Staaten ausgearbeitet. Gegenüber China ist dies zur Stunde noch ungewiß, die Gleichung zeichnet sich durch Labilität und Unvorhersehbarkeit aus. So läßt sich auch die Stationierung einer beträchtlichen Anzahl von Raketen mittlerer Reichweite im asiatischen Teil der Sowjetunion, an ihrer Grenze mit einem kommunistischen Land interpretieren. Zwar scheint China gegenwärtig keine unmittelbare Gefährdung darzustellen. Die Sowjetunion muß sich aber mit Chinas negativer Haltung gegenüber der sowjetischen Politik der Völkerbefreiung auseinandersetzen, die von der chinesischen Führung schlicht und einfach als imperialistische Politik eingeschätzt wird, die sich von der kapitalistischen durch nichts unterscheidet. Eine solche Haltung bereitet der sowjetischen Außenpolitik Schwierigkeiten.

Zu Unruhe führt auch ein anderer Aspekt dieser Situation, nämlich die völlig unorthodoxe Orientierung der chinesischen Wirtschaft, die immer deutlicher zu ökonomischen und sozialen Strukturen bürgerlichen Typs neigt. Neben politischen Aspekten kann es auch andere ärgerliche Folgeerscheinungen geben, z.B. eine Annäherung Chinas an

Japan. Eine Bedrohung könnte sich aus sowjetischer Sicht durch die Kooperation der Militärmacht China mit der Wirtschaftsmacht Japan ergeben.

Im Vergleich zur westlichen Welt, die – angesichts der atomaren Bedrohung und mit ihrem erreichten Lebensstandard zufrieden – mit Sicherheit nicht zulassen wird, daß ein Atomkrieg vom Zaun gebrochen wird (die Außenpolitik der Sowjetunion gründet mit auf diesem psychologischen Faktor), fehlt der östlichen Welt diese Prämisse.

Dies sind die unsichtbaren Seiten der Probleme, die die kommunistischen Führer in der Tat beschäftigen. Ihre besonders traurige Seite ist, daß die Dogmen und bisherigen Erfahrungen zu ihrer Lösung völlig wertlos sind. Solche Probleme werden offiziell nicht kundgetan, ein allgemeines Merkmal kommunistischer Politik, weil – bei aller Bedrohlichkeit – ihre Veröffentlichung keinen Beitrag zu ihrer Lösung bringen könnte.

Die übrigen Seiten des Problems – die Gesundung der Volkswirtschaft und der gesellschaftlichen Beziehungen, die Hebung des Lebensstandards der Massen – bilden einerseits nur den propagandistischen Teil der Fragestellung, während sie tatsächlich nur nebensächliche Anliegen sind. Sie können öffentlich vorgestellt und diskutiert werden, doch sind ihre Lösungen bereits festgelegt. Ihr Substrat läßt sich auf folgende Formel reduzieren: „Wollt ihr besser leben, so muß die wirtschaftliche Effizienz steigen, und das läßt sich nur machen, wenn ihr mehr und besser arbeitet. Aber auch dann kann es nicht sofort geschehen, denn wir müssen weiterrüsten, um den Frieden zu retten und zu sichern!“.

Schwarze Emigration

Dem Schein nach unbedeutend ist die Frage der Emigration, der Wunsch aus der kommunistischen Gesellschaft auszubrechen. Für die Gruppe der Vertreter aber ist es ein altes und ungelöstes Problem.

Der „Austritt" aus der kommunistischen Gesellschaft wird als politisch feindlicher Akt der Ablehnung der kommunistischen Lebensweise und nicht als einfache verwaltungstechnische Angelegenheit wie in den bürgerlichen Demokratien interpretiert. Der Wunsch zur Emigration gründet in der permanenten Unzufriedenheit der Volksmassen. Das Verbot löst den Wunsch aus zu tun, was verboten ist; wichtig ist aber auch die Anziehungskraft eines besseren Lebens mit mehr Freiheit und Nahrungsmitteln. Die Emigration ist eine Erscheinung, die trotz aller Verbote und Maßnahmen des kommunistischen Staates fortdauert. Ob sie nun legal oder illegal zustandekommt (die illegale Emigration nennen wir die „schwarze"), sie steht jedenfalls in umgekehrtem Verhältnis zur Zahl der Antragsteller und zu den Bemühungen einer Realisierung.

Der kommunistische Staat läßt die legale Auswanderung nur als Ausnahme zu und ist nicht gewillt auch nur auf einen kleinen Teil seiner Untergebenen zu verzichten (nur etwa 7 % der Antragsteller erhalten jährlich die Ausreisegenehmigung), es sein denn, ihm erwachsen daraus materielle Vorteile. Die eigentliche Grundlage der legalen Auswanderung bildet der „Loskauf" in Devisen. Die legale Emigration vermag die große Zahl von Antragstellern nicht zufrieden zu stellen und so blüht als Folge davon die „schwarze Emigration". Der kommunistische Staat bekämpft mit allen Mitteln diese schwarze Emigration. Diejenigen, die diesen Weg versuchen, werden als Vaterlandsverräter behandelt und erleichten Konsequenzen. Andererseits nutzt der kommunistische Staat diesen Weg, um seine ,,Botschafter“ in die Welt zu schicken, es sind dies Spione, vor allem für die Industriespionage, Diversionisten sowie ,,Funktionäre“ zur Stützung linksorientierter Bewegungen und von Revolutionen in ihrer Vorbereitungsphase. Auch auf diesem Weg versucht der Kommunismus eine 5. Kolonne zu gestalten und auszubauen. So verwundert es nicht, daß es zahlreiche Sprößlinge von kommunistischen Würdenträgern gibt, die sich im Ausland niederlassen, während ihre Eltern weiterhin in ihren alten Positionen bleiben, daß manche Auswanderer die Erlaubnis erhalten, ihre Möbel und liebgewordenen Familienstücke mitzunehmen, wenngleich der Emigrant das Recht auf höchstens 30 kg Gepäck hat, daß es Leute gibt, die ihr definitives Ausreisevisum in wenigen Tagen zugesagt bekommen, während der ,,normale“ Ablauf zwei Jahre in Anspruch nimmt usw.

Als der kubanische Diktator Fidel Castro 1983 die Öffnung der Grenzen dekretierte, damit alle Interessierten ,,Cuba libre“ verlassen können, schien für manche Menschen im kommunistischen Lager ein Funke Hoffnung gezündet. Das Eis schien gebrochen, denn die Tatsache selbst bedeutete viel für die Menschen.

Das Ereignis wurde in der Welt feindlich aufgenommen. Die Kommunisten sahen in Castros Maßnahme einen schwerwiegenden politischen Fehler, die bürgerlichen Staaten, an ihrer Spitze die USA, bekamen einen Schreck, schien es doch nur ein Manöver zu sein, um Spione ins Ausland zu lotsen. Trotzdem wurde die Geste als Befreiungsakt, als erster und vielleicht wichtigster Schritt zur Lösung des Problems von jenen betrachtet, die zum Schluß gelangt waren, daß der Kommunismus nicht zu verbessern ist. Alle Beteiligten konnten sich jedoch sehr bald beruhigen: Castro, den die Zahl jener, die den Wunsch hatten dem kubanischen Paradies den Rücken zu kehren, aufschreckte, machte die Maßnahme rückgängig, holte die ,,Verräter“ aus den Botschaften, wo sie Schutz gesucht hatten und warf sie in Gefängnisse und „Umerziehungs"lager. Alles fand wieder zum Alltag zurück. Der böse Traum der westlichen Staaten und der schöne Traum der Menschen im kommunistischen Lager verflog schnell und unwiderruflich. Die Möglichkeit einer Regelung von Auswanderungen aus den kommunistischen Ländern wurde zunichte gemacht und das Problem blieb genauso unlösbar wie vorher.

Was im Verlaufe der Geschichte eine persönliche Angelegenheit war, wurde mit der Konsolidierung der Sowjetmacht ein soziales Problem. Die Emigration als verbotenes Phänomen trat in Sowjetrußland gleich nach der Revolution 1917 auf (die sog. weiße Emigration). Die Überreste der zerstörten Klassen, große und kleine Grundbesitzer, Bürgerliche, Bauern, Intellektuelle versuchten zu entkommen. Von echtem „revolutionären Instinkt" beseelt, hielt die junge Sowjetmacht dies letzte Aufbäumen von Einzelrevolte für den willkommenen Anlaß auch diese letzten feindlichen Überreste zu liquidieren, die sich dem neuen, von der Revolution geschaffenen Leben zu entziehen versuchten.

Man konnte aber das Phänomen nicht aus der Welt schaffen und es setzte sich in der postrevolutionären Phase fort, zumal der revolutionäre Terror die Zahl der Unzufriedenen wachsen ließ, so daß sie alle Schichten erfaßte, einschließlich derer, die die Revolution gemacht hatten. Da eine legale Rechtfertigung des Emigrationsverbots noch immer nicht gefunden war, half man sich mit einer Art „Hilfsgesetzgebung", indem die Auswanderer den Vaterlandsverrätern gleichgestellt wurden. Ihre Bestrafung erfolgte mit Rückgriff auf Gesetze, die andere „Verbrechen" (ohne Bezug zur Emigration) wie illegaler Grenzübertritt, Diebstahl, Mord usw. betrafen.

Auf diese Weise wurde der Wunsch auszuwandern ein antisozialer Akt, ein *Rechtsbruch*. Nachdem ein „legaler" Rahmen gefunden wurde, gab es keine Schranken mehr für Mißbräuche: so ist jeder schwarze Emigrant a priori ein Gemeinverbrecher, der sich der Strafe entziehen will. Die illegale Emigration bleibt im Blickfeld der Gruppe der Vertreter – ein Phänomen ohne endgültige Lösung. Die „schwarze Emigration“ ist eine charakteristische Erscheinung des kommunistischen Gesellschaftssystems. Kennzeichnend ist auch das Ausmaß dieser Erscheinung, die alle sozialen Gruppen und Schichten der kommunistischen Gesellschaft erfaßt.

Ein Grund für die schwarze Emigration ist der Wunsch von Menschen sich den Normen des kommunistischen Lebens zu entziehen, ein Wunsch in völligem Widerspruch zum Willen des kommunistischen Staates. Betrachtet man die Arbeits- und Lebensbedingungen, die die kommunistische Gesellschaft ihren Mitgliedern bietet, so scheint die Haltung der kommunistischen Führer, sich diesem Wunsch mit allen Mitteln zu widersetzen, zunächst wenig einleuchtend. Die Gründe, warum die Gruppe der Vertreter auch dieses fundamentale Recht auf Freiheit negiert, sind politischer und ökonomischer Natur. Die potentiellen und realen Auswanderer sind in den Augen der Gruppe der Vertreter in zweifacher Hinsicht gefährlich: einerseits verneinen sie durch ihr Ansinnen die Grundwahrheit, daß die kommunistische Gesellschaft besser ist als die bürgerliche; auf diese Weise werden sie zu einem Zeichen des Zweifels für den Rest der Gesellschaft und unterminieren die Bemühungen zur Überzeugung der Massen, sie würden das schönstmögliche Leben führen. Andererseits bilden solche Leute eine große Gefahr im außenpolitischen Bereich. Erreichen sie nämlich ihr Ziel und gelangen in Freiheit, so schaden sie der Propaganda des Kommunismus.

In wirtschaftlicher Hinsicht sind die Auswanderungswilligen eine Schwächung der produktiven Tätigkeit, zumal die meisten dieser Menschen zu den ausgebildeten Arbeitskräften gehören und den Schaden dadurch noch größer werden lassen. Wenn sie im Ausland sind, stärken sie unweigerlich das Wirtschaftspotential der bürgerlichen Staaten.

Eine umgekehrt kritische Position nehmen auch die westlichen Staaten ein, die dieses Phänomen gleichermaßen ablehnen – wenngleich aus anderen, aber ebenso starken politischen und ökonomischen Gründen. Durch diese Haltung tragen sie zum Fortdauern und zur Erweiterung des Phänomens bei, weil sie befürchten, daß die schwarze Emigration nur ein Kanal ist, durch den auch Elemente einer sozialen Destabilisierung eingeschleust werden könnten, und daß die Einwanderer das Gleichgewicht der Arbeitswelt stören könnten. Aber auch aus anderen Gründen (Mentalität, Sprache, soziales Verhalten) lehnen die westlichen Staaten diese Art der Emigration ab.

Allen diesen Voraussetzungen zum Trotz verliert der Emigrationswunsch keineswegs seine Kraft, er verstärkt sich sogar infolge der progressiven Ausbeutung des Individuums und der Abschaffung der gesellschaftlichen Rechte und Freiheiten. So ist es bezeichnend, daß die Auswanderer allen sozialen Schichten der kommunistischen Gesellschaft angehören, alle Altersstufen und Berufe sind vertreten und, was besonders hervorzuheben ist, sie kommen auch aus der reichen Schicht der Gesellschaft. Ein Teil der Auswanderungswilligen handelt aus Enttäuschung über Mängel oder Elend und rechtfertigt den Wunsch nicht durch ökonomische Gründe. Diese Leute gehören den sozialen Gruppen der Pyramidenspitze an. Die Vorteile anderer Systeme suchen sie, weil sie mit dem engen Rahmen der gesellschaftlichen Beziehungen im Kommunismus nicht zufrieden sind, weil hier dem einzelnen alles verboten ist. Sie äußern diese Unzufriedenheit durch ihren ,,Hunger nach Freiheit'', durch die kategorische Absage an eine Gesellschaft, deren einziger Zweck die Produktion ist, deren Freizeit durch die unaufhörliche ,,politische Arbeit'' und durch Elend ,,amputiert'' wird. Ihr Handeln ist Ausdruck ihrer Weigerung an Sitzungen teilzunehmen, den alltäglichen Lügen zuzustimmen und sich ohnmächtig der Inkompetenz und der Heuchelei unterzuordnen.

Ein Emigrant, dem ich auf der Straße einer westlichen Stadt begegnet bin, meinte: ,,Elend und Schwierigkeiten machen meinen Alltag aus. Ich kann die Staatsbürgerschaft nicht erwerben, um meine Familie zu besuchen, es fällt mir schwer, die neue Sprache zu erlernen, mein Diplom wird nicht anerkannt und ich muß unqualifizierte Arbeit leisten, für die ich schlechter bezahlt werde als meine einheimischen Kollegen, die dieselbe Arbeit machen. Wenn ich aber den Asphalt dieser Straßen unter den Sohlen fühle, wenn ich weiß, daß mich niemand überwacht und mir niemand folgt und daß sich niemand in meine Angelegenheiten einmischt, *daß ich frei bin*, dann spüre ich, daß ich wirklich lebe und meine Augen sind voller Tränen!"

Die materielle Unzufriedenheit und der Entzug jeder Freiheit sind im Laufe von Generationen so tief in das Bewußtsein der Menschen eingedrungen, daß sie sich – oft jeglicher Logik zum Trotz – gegen ihre menschliche Kondition auflehnen, auf eine durch die Arbeit vieler Jahrzehnte erworbene „Position" verzichten und ihre Familie der Unsicherheit und der Gefahr aussetzen, um den kalten Asphalt der Freiheit zu wählen! Die Menschen versuchen, wieder normal zu werden, statt eines Amputierten wieder ein Ganzer zu sein. . .

Nicht wenige riskieren gar ihr Leben, um in den bürgerlichen Ländern ein materiell günstigeres Leben zu finden, wo sie entsprechend ihrer Qualifikation und ihrer Leistung entlohnt werden. Es sind Eisendreher, Elektriker, Maurer, aber auch Ärzte, Professoren, Musiker. Im Kommunismus wird *jede* Arbeit unter ihrem Wert entlohnt, sie soll kaum für ein einfaches Leben reichen. Daher kann man auch nicht von einer sozialen Gruppe, von einem Beruf, von einem Alter sprechen, denen die Menschen angehören, die ausbrechen wollen: die Lage ist für alle gleich.

„Schwarz", unerwünscht, illegal ist diese Emigration, weil sie von beiden Systemen im Grunde gleich behandelt wird. Weder der Kommunismus noch der Kapitalismus haben ein Interesse an dieser Verwirklichung, verhindern sie sogar. Im Unterschied zum Kommunismus, der in diesen Handlungen eher den politischen Faktor sieht, gehen die bürgerlichen Demokratien in der Beurteilung des Phänomens vom vermeintlich abenteuerlichen Charakter aus, der die freie Welt stören könnte. Der bürgerliche Staat, in wachsendem Maße berufen und gefordert auch die wirtschaftlichen Probleme der Gesellschaft zu klären, sieht in diesen Ausländern zusätzliche Arbeitskräfte, die schlecht oder nicht qualifiziert und ihm jedenfalls nicht genehm sind. So gibt er „zum Wohle der Gesellschaft“ elementare Prinzipien der Demokratie auf und verweigert den Wagemutigen der schwarzen Emigration das gewünschte Recht auf Asyl. Dies geht sogar soweit, daß sie den Nachweis erbringen müssen, daß sie politisch verfolgt und eingekerkert wurden. Abgesehen davon, daß ein solcher Beweis schwer zu erbringen ist (das KGB stellt keine solchen Bescheinigungen aus!), reduzieren die bürgerlichen Staaten die ganze Problematik auf unbedeutende, nebensächliche Aspekte. Nach unserer Meinung äußert sich die kommunistische Verfolgung nicht nur in Gerichtssälen oder Konzentrationslagern, sondern vor allem im Alltag der Menschen. Allein schon die Tatsache, daß jemand Jahre lang in einem kommunistischen Land gelebt und überlebt hat, ist ein Beweis, daß dieser Mensch tag-täglich verfolgt wurde, daß seine Menschlichkeit Tag für Tag Gegenstand der konzentrierten Aktion aller kommunistischen Repressionsorgane war.

Andererseits erkennen die bürgerlichen Staaten die höheren Qualitäten des Einwanderers aus einem kommunistischen Land. Ein Arbeitgeber erzählte mir vor kurzem, daß ein Großteil seiner Arbeiter Einwanderer aus kommunistischen Ländern sei. Anfangs habe er sich mißtrauisch ihnen gegenüber verhalten wie der Rest der Gesellschaft übrigens auch, doch die Arbeitsergebnisse der ersten Angestellten dieser Art, ihre Disziplin und ihr Fleiß überzeugten ihn und ließen ihn auch andere anstellen. Daß sein Unternehmen gut geht, verdanke er unter anderem auch diesem Umstand. Wir würden einige weitere Eigenschaften anführen, sollte jemand Arbeitskräfte brauchen: Arbeiter, die aus kommunistischen Ländern kommen, sind strukturell apolitisch (nach Jahren der Zwangspolitisierung bereitet ihnen jede Losung zunächst Brechreiz), sie wünschen sich „unterzukommen“, irgendwo einen festen Platz zu finden und sind daher stabil und sicher. Möglichst viel und gut zu arbeiten, ist nicht immer der Wunschtraum der westlichen Arbeiter usw.

Wir wollen jetzt aber zu diesem verzweifelten Menschen der schwarzen Emigration zurückkehren und einige seiner kennzeichnenden Merkmale anführen:

Zuallererst müssen wir festhalten, daß er sich bewußt ist, daß der Preis seines Handelns seine physische Existenz sein kann. Indem er sich dafür entscheidet, beweist er, daß er bereit ist, diesen Preis zu bezahlen. Diesen Aspekt, der einmal psychologisch untersucht werden sollte, übersehen meistens jene, die darüber entscheiden müssen, ob einem schwarzen Emigranten Obdach gewährt wird oder nicht. Da diese „Überläufer" als erklärte Feinde des Kommunismus gelten, wenden ihnen gegenüber die mit der Verfolgung beauftragten Staatsorgane noch vor einer legalen Urteilsverkündung die Exekution ohne zu zögern an, um den Betreffenden an der Realisierung seines Projektes zu hindern; oder danach: um ihn langsam zu exterminieren (in Lagern) bzw. sofort (durch Erschießung, Schläge und tödliche Folter, psychiatrische „Behandlung" usw.). Doch selbst wenn einer entkommt, entkommt er nicht für immer und ewig seiner Strafe. Man denke an den bulgarischen Bürger, der in Großbritannien durch den Stich mit einem vergifteten Schirm getötet wurde.

Zweitens fordert das eingegangene Risiko eine beeindruckende physische und geistige Anspannung: Den illegalen Übertritt einer oder mehrerer Grenzen, die Überwindung der Berliner Mauer, den Ausbruch mit einem Segelflugzeug, die Fahrt über eine Grenze in einem versiegelten Kühlwagen, den Verzicht auf Nahrung für eine beliebige Zeit – und so fort! Allein schon diese übermenschlichen Anstrengungen verdienten es, daß die Gesellschaft, in die der „Überläufer" gelangt, mehr Verständnis für ihn aufbringt. Es ist wahr, daß ein Teil der schwarzen Emigranten unter den ehemaligen Beamten in mehr oder weniger verantwortungsvollen Positionen zu suchen ist (Diplomaten, Wissenschaftler, Künstler), die von den kommunistischen Systemen zeitweilig dienstlich in kapitalistische Länder geschickt werden und dann die Rückkehr in ihr Herkunftsland verweigern. Selbst wenn diese das Risiko illegaler Grenzübertritte nicht eingehen müssen, ist ihre Lage doch nicht einfacher, weil sie sich Vergeltungsaktionen der Kommunisten in höherem Maße aussetzen. Sie gehören zum Kreis der Leute, die über Informationen, vielleicht sogar über Geheimnisse des kommunistischen politischen und wirtschaftlichen Systems verfügen und so ist ihr Risiko, wenn sie in einem bürgerlichen Land um politisches Asyl nachsuchen, zwar anders geartet doch nicht geringer.

Ein weiterer Aspekt, den der Emigrant nicht übersehen darf, ist die Lage der Zurückgebliebenen. Die „Charta der Menschenrechte" ist für die Kommunisten in solchen Fällen kein Begriff. Ehegattin, Kinder, Eltern, Geschwister – sie alle sind für die „unbedachte" Tat des Ausbrechers verantwortlich und erleiden die Auswirkungen der klassischen Sippenhaft. Sie werden aus ihren Stellungen entlassen oder müssen schwerere oder schlechter bezahlte Arbeiten annehmen. Die Kinder werden von den Schulen und Universitäten ausgeschlossen, die Familie verliert ihre Wohnung, alle werden in Elend und Verzweiflung gestürzt. Der Emigrant kennt diese Auswirkungen alle, er weiß, was auf seine Familie zukommen wird. Seine einzige Hoffnung ist dabei, daß er eines Tages die Familie nachkommen lassen kann, um auf diese Weise seine Tat wiedergutzumachen.

Zum „Beiwerk" der schwarzen Emigration gehört die Aussichtslosigkeit, der unsichere Ausgang, ob man nicht doch zurückgeholt wird. Im kommunistischen System ist mit dieser Möglichkeit immer zu rechnen, sie ist eine Waffe zur Bekämpfung des Phänomens an sich.

In den Massenmedien (Presse, Rundfunk, Fernsehen) erscheinen immer wieder Berichte über das Leben der Emigranten in den kapitalistischen Ländern, über ihre verzweifelte Lage, über Auslieferungen, deren Opfer sie waren. Menschen, die einen solchen Ausbruch planen, wissen also Bescheid, was sie und ihre Familie erwartet. Sie sind sich dessen bewußt, daß ihre Aktion fehlschlagen kann, daß sie ihr Ziel nicht erreichen werden und die Folgen erleiden müssen. Wie groß muß demnach ihre Verzweiflung sein, wenn sie sich trotzdem für diesen Weg entscheiden.

Es ist schließlich noch darauf hinzuweisen, daß ihre Tat nicht als politische Aktion angesehen wird und moralisch wie materiell nur geringe Unterstützung findet bei jenen, für die ein erklärter Feind des Kommunismus sich einer anderen Behandlung erfreuen sollte. Zwar gibt es ein UNO-Kommissariat für Flüchtlinge, doch besitzt es nur eingeschränkte Mittel und Möglichkeiten, um zugunsten der Emigranten zu agieren. Sonst kennen wir keine internationalen Organisationen, die sich um das Schicksal der Menschen kümmern würden, die alles auf eine Karte setzen, um sich vom Kommunismus zu befreien. Auf diese Weise läßt sich die große Zahl der Mißerfolge und der Opfer erklären. Denken wir doch nur an die Vielen, die Südvietnam nach dem Sieg ihrer ,,Brüder" aus dem Norden verließen – Zehntausende von Erwachsenen und Kindern irrten wochenlang mit ihren Flößen und improvisierten Booten auf dem Meer, starben vor Durst und Hunger, an Unterkühlung oder unter dem Kugelhagel der nordvietnamesischen Militärmarine, während den Überlebenden, die die Küste von Malaysia erreichen konnten, das Asylrecht verweigert wurde! Die ,,internationale Gemeinschaft" schickte nur ein Schiff mit französischen Ärzten und mit Nahrungsmitteln, um diesen Menschen zu helfen.

Nach der gegenwärtigen Lage der Dinge ist kaum anzunehmen,daß diese Angelegenheit je zugunsten der Betroffenen gelöst wird, für die der Ausbruch aus dem kommunistischen System die einzige Lebenshoffnung ist. Solange die bürgerlichen Demokratien die Emigration als solche grundsätzlich ablehnen, solange – mit Ausnahme der Juden und der deutschen Volksgemeinschaften aus der UdSSR und Rumänien – für die Befreiung dieser Menschen, nichts unternommen wird, solange dieses Phänomen im internationalen Maßstab vernachlässigt und von den Staaten abgelehnt und unterbunden wird, ist die Hoffnung des Menschen, sich von der Macht, die ihn niederhält, zu befreien, illusorisch. ,,Amnesty International" versucht den Menschen zu helfen, die in den Kerkern und Lagern des Kommunismus gefangengehalten werden, der ,,Joint" wirkt konstant, um möglichst vielen Juden die Emigration aus den kommunistischen Ländern zu ermöglichen. Der westdeutsche Staat bemüht sich in lobenswerter Weise um die Rückführung der Deutschen aus der Sowjetunion und aus Rumänien. Gibt es jedoch Ähnliches, eine Organisation oder zumindest eine begünstigende Strömung, um *alle* zu befreien, die den Herrschaftsbereich des Kommunismus verlassen wollen?

Die Westpresse vermerkte (zurückhaltend, irgendwie verlegen) im Herbst 1985, daß der Kongreß der ,,Antikommunistischen Weltliga" in den USA stattgefunden hat. In keinem Bericht lasen wir jedoch auch nur ein Wort darüber, ob diese ,,World Anti-Communism League" sich vorgenommen hat, die Interessen der Menschen zu verteidigen, die aus kommunistischen Ländern emigrieren wollen oder bereits emigriert sind. Unsere berechtigte Frage ist, welche andere wichtigere Priorität könnte eine solche Liga setzen, was könnte sie gegenwärtig mehr beschäftigen? Wir kennen auch keinen internationalen Fond zur Unterstützung der ,,kommunistischen" Emigration, keine Organisationen, welche die Emigrierten verteidigen, für ihre Freiheit kämpfen, für sie einen Platz an der Sonne zu finden, eine Möglichkeit sich weiterzubilden oder auszubilden, überhaupt zu leben! Da es keinen Staat gibt, der ihnen die Freiheit bieten würde, wäre es notwendig, ein neues Amerika, neue unbewohnte Erdteile für sie zu entdecken.

Die legale Emigration wird ebenfalls erst nach großen materiellen und moralischen Anstrengungen erreicht. Diese einzige, beidseitig akzeptierte Emigrationsform beruht auf Abkommen und Verträgen und befreit nur einen winzigen Teil der Auswanderungswilligen. Da sie nur für bestimmte ethnische Gruppen (genauer: nur für einen Teil der ethnischen Gruppen) akzeptiert wird, gelingt es der legalen Emigration bei weitem nicht der ,,Nachfrage" gerecht zu werden. Unser Gedanke führt uns in Richtung der ,,Charta der Menschenrechte". Die Mehrzahl der kommunistischen Länder hat zwar die ,,Abkommen" unterzeichnet, doch ihre tatsächliche Beachtung, die Respektierung der Menschenrechte befindet sich im Kommunismus auf einem solchen Niveau, daß jede Hoffnung illusorisch ist.

Ob weiß oder schwarz, die Emigration ist ein Reflex, eine Widerspiegelung des sozialen Wunsches aus der kommunistischen Gesellschaft zu entkommen, um sich von den spezifischen Beziehungen dieser Gesellschaft zu befreien. Von der Gruppe der Vertreter verfolgt, von den bürgerlichen Staaten ohne Begeisterung akzeptiert, überlebt diese Erscheinung als Folge einer Perspektivlosigkeit, mit der Menschen in der kommunistischen Welt leben müssen. Es ist ein weiterer Beweis, vielleicht der dramatischste für die Richtigkeit der Schlüsse, zu denen die Analyse in unserem Buch führt. Wichtiger als dieses Detail ist, daß – bei aller Dramatik und Problematik für die Beteiligten – die Hoffnung auf Befreiung der Menschen, die sich mit den Regeln der kommunistischen Gesellschaft nicht abfinden können, eines Tages zur Realität wird.

Camping Afghanistan

Pankow ist ein alter Berliner Stadtteil, der wie durch ein Wunder den Bombenangriffen im Krieg entgangen ist, so noch die alte Atmosphäre bewahrt und dabei vielleicht ein bißchen verstaubt scheint. Das Schicksal hat Pankow im Nordwesten der Stadt angesiedelt, seine Bewohner sahen sich plötzlich in der sowjetischen Zone und sind heute Bürger der Stadt ,,Berlin – Hauptstadt der DDR".

Die Häuser in Pankow sind meistens alt und nieder, fast jedes zeigt an der Fassade einen kleinen Laden mit Auslage. Anders als im Stadzentrum sind die Straßen abends dunkel und die Bierstuben klein und heimelig. Ich sitze an einem langen Tisch am Ende einer der beiden Bänke. Die Bierstube hat nur diesen Raum und dieser eine Tisch ist belegt. Es gibt noch Tische vor diesem Raum, in der Nähe der Theke bei der Tür, doch sind es moderne Tische, hohe, an denen man sein Bier im Stehen trinkt.

In dieser Bierstube verbrachte ich einen ganzen Nachmittag, um meine Theorien einem alten Freund vorzutragen. Er folgte mir geduldig, aufmerksam, unterbrach mich nur, um noch eine Lage Bier zu holen. Wir rauchten beide unsere Zigarettenpackungen leer. Als ich meine Ausführungen zu einem Abschluß gebracht hatte, legte sich langes Schweigen über uns. Ein Blick durchs Fenster zeigte, wie es allmählich Abend wurde. Irgendwann hörte ich meinen Freund tief seufzen und sagen: ,,Wir, die wir seit so vielen Jahren inmitten dieser Dinge leben, kennen sie wohl und müssen zugeben, daß wir uns an sie gewöhnt haben. Sie sind unser alltägliches Leben, das wir so nicht wahrnehmen wollen und bei einem Fußballspiel oder einem Glas Bier zu vergessen versuchen. Ich habe auch oft über die Dinge unseres Lebens nachgedacht, vielleicht nicht so eindringlich wie du. Wenn ich dann abends vor dem Einschlafen die eine oder andere Situation überdenke, die meinen Tag verbittert hat, komme ich zu dem Schluß, daß ich völlig ohnmächtig bin und keine Chance habe den Ärger zu vermeiden oder irgendetwas zu ändern!“ Er steckte sich eine neue Zigarette an und fuhr fort: „So will ich dir einige Fragen stellen, auf die ich keine Antwort gefunden habe: Was schlägst du vor? Hast du *eine realisierbare Lösung* finden können? Wie könnten wir uns retten? Wie können sich unsere Mitmenschen, die vielen Millionen, aus dieser Sklaverei befreien? Welche soziale Macht wäre in der Lage die Dinge zu verändern? Wo hast du auch nur einen Hauch von Hoffnung gesehen?“

Mein Freund beobachtete eine Weile mein Schweigen, schlürfte dann den letzten Schluck aus seinem Bierglas, setzte sich die Mütze auf den Kopf und sagte: „Es gibt ein altes Sprichwort, das dir nicht eingefallen ist: »Schiefes sehen ist nicht schwer, geradebiegen um so mehr!«“ Dann drehte er sich um und ging. Er winkte zwar noch mit der Hand, nur weiß ich nicht, ob es ein Gruß oder eine Abfuhr war. Ich blieb allein am Tisch, allein mit seinen Worten.

Zunächst einmal zu der Feststellung, daß „Schiefes“ sich nicht geradebiegen lasse. Alle Kritiken, selbst wenn es nur Halbheiten waren, wurden und werden abgelehnt oder abgewiesen. Der Kommunismus meint seine vollkommenste Form gefunden zu haben und sieht keinen Bedarf irgendetwas zu ändern. Denn man weiß „dort oben“ genau, daß der einfache Mann, je mehr man ihm gibt, desto unzufriedener sein wird. Ganz davon zu schweigen, daß ausgerechnet in der gegenwärtigen Lage die „dort oben“ eben andere Sorgen haben, andere Prioritäten, andere Probleme, die auf eine Lösung warten. Die Gruppe der Vertreter hat in ihrer langen Existenz dem Leben der Gesellschaft nie allzu große Bedeutung beigemessen und auch nie Gedanken daran verschwendet, daß sie dieser Gesellschaft gegenüber mehr Großzügigkeit zeigen müßte. Im Gegenteil, sie fürchtete immer diese Gesellschaft, kontrollierte sie immer voller Mißtrauen und Argwohn. Die Gruppe der Vertreter ist davon überzeugt, daß sie allein am besten weiß, was der Mensch braucht und . . . wieviel. Sie findet, daß das Leben der Menschen im Kommunismus nicht verstümmelt ist und so gibt es für sie auch keinen Anlaß, sich über die Verbesserung der Lage den Kopf zu zerbrechen.

Die Gesellschaft müßte die Gruppe der Vertreter in irgendeiner Weise zwingen ihr Verhalten zu revidieren und die Nöte des Volkes in größerem Maße zu berücksichtigen. Doch wie? Wer es versucht hat, fand sich in Gefängnissen wieder, wurde hingerichtet, oder – im besten Falle! – ganz einfach ausgebürgert aus der Gesellschaft, für die er seine Stimme erhoben hatte. Seit Jahrzehnten werden die Menschen gezwungen der Politik der Partei zuzustimmen, so zu tun, als seien sie von ihrer Richtigkeit blindlings überzeugt. Die Menschen gewöhnten sich daran, vor Irrtümern die Augen zu verschließen und zu hoffen, sie würden sich nicht wiederholen. Sie wurden umgemodelt, wurden gehorsam und schweigsam. Von frühester Kindheit an wird ihnen diese Haltung auferlegt. Im Bewußtsein, daß ihr Leben Tag für Tag überwacht wird und daß sie auch dieses Leben verlieren können, wenn sie seine strengen Regeln nicht genau befolgen, entwöhnten sich die Menschen vom kritischen Blick, vom Versuch das Leben irgendwie zu verbessern. Ihr Leben beruht auf Automatismen, auf der täglichen Wiederholung der wenigen, von der Herrschaft zugelassenen Tätigkeiten: Stunden der Arbeit, dann der Beschaffung der Nahrungsmittel und sonstigen lebensnotwendigen Sachen, kurze Entspannung vor dem Fernseher und dann möglichst früh ins Bett, um sich für den nächsten frühen Morgen zu erholen. Die Frauen ersetzen den Bildschirm durch ihre „aktive Erholung“ bei häuslichen Arbeiten (Kochen, Waschen, Kinder versorgen usw.). Das Wochenende vergeht mit einem Spaziergang im Park, einem kleinen Ausflug an den Stadtrand oder im Sommer an den Strand. Manchmal gibt es ein Fußballspiel oder ein Bier mit Kollegen. Jahre, Jahrzehnte vergehen. Das Leben bietet den Menschen nichts mehr, oder? Es ist doch schon lange klar, daß Geld kein Glück bedeutet. Es stimmt, daß der Weg zur Arbeit eine Qual ist, weil die Transportmittel nie ausreichen und das Warten in den Haltestellen den Tag schon am frühen Morgen verdirbt. Es stimmt, daß, endlich angelangt, der Ärger wächst, weil das Rohmaterial nicht geliefert wurde, der Chef stumpfsinnig ist und von dir ständig Dinge verlangt, die an deiner Maschine gar nicht machbar sind, daß man dir deutlich macht, daß deine Norm „nach wissenschaftlichen Gesichtspunkten" neu bestimmt worden ist, daß nach Arbeitsschluß noch eine Sitzung angesetzt wurde, auf der ein Schwachkopf das Wort ergreift und meint, er sei mit der Normerhöhung zufrieden und verpflichte sich . . .

Es stimmt, daß morgen Lohntag ist und wieder weniger Geld in der Tüte sein wird, weil der Plan nicht erfüllt werden konnte und nun die Schulden nicht mehr bezahlt werden können, deine Frau verdrossen etwas murmeln und das Geld unbesehen auf dem Tisch lassen wird. Es stimmt, daß du heute das ganze Viertel abgeklopft hast in der Hoffnung, du würdest eine Spur von Fleisch finden und dich mit einer – übrigens nicht unbedingt schlechten – Fischkonserve zufriedengeben mußtest. Es stimmt, daß dein Sohn morgen bei einem Schulausflug mitmacht und enttäuscht sein wird, daß du ihm kein Taschengeld mitgeben kannst, damit er sich – wie andere Kinder – eine Limonade oder eine kleine Schokolade leisten kann. Es stimmt, daß du sonntags wieder arbeiten mußt (schon zum dritten Mal in diesem Monat, weil der Plan wieder nicht erfüllt wird und die Direktion beschlossen hat, auf diese Weise den Rückstand aufzuholen). . .

Dies alles stimmt, ist wahr, nur: was könnte man dagegen tun? Dieses Leben ist halt so, Arbeit, immer nur Arbeit, wenn wenigstens das Geld reichen würde! Vielleicht wird es morgen besser, im nächsten Monat ändert sich was, man spricht von einer Prämie, wenn wir den Plan doch noch erfüllen, vielleicht kriegen wir sie sogar, wenngleich auch im vorigen Monat davon geredet wurde, die Leute sich kräftig ins Zeug gelegt haben und dann doch nichts dabei herausgeschaut hat. Also: vielleicht dieses Mal!

Wenn der Mensch, wenn die Menschen sich daran gewöhnen so zu leben und zu denken, wenn ihre Passivität zu einem vorherrschenden Merkmal wird, wie soll man dann noch hoffen, daß sich etwas ändern könnte, daß die Herrschaft Mitleid haben könnte? Die Herrschaft will jedoch nicht *mitleidiger* werden und das Volk wagt nicht eine Änderung des ihm beschiedenen Lebens zu fordern. Was wäre trotzdem zu tun?

Wenn sich die Leute einen antrinken und sich untereinander wähnen, dann packen sie aus, bereden ihre Unzufriedenheiten und vergleichen ihr Leben mit dem der Bonzen. Dann schimpfen sie über die Kommunisten, stellen fest, daß es keinen Unterschied zum früheren kapitalistischen Arbeitgeber gibt, bis ihre Frauen sie am Ärmel packen, um sie zu dämpfen und die Gesellschaft beschließt, daß es spät sei und man heim gehen sollte. Nächsten Tag wird wieder alles „normal" und der Augenblick der verbalen Revolte vergessen. Hie und da erzählt jemand einen politischen Witz, macht ein anderer eine ironische Bemerkung an die Adresse der Partei. Ansonsten sind die Menschen „brav" und „gehen ihrer Arbeit nach". Mit der Zeit werden sie immer verdrossener, einsilbiger, greifen zum Alkohol oder prügeln ihre Frauen. Manche hängen absurden Hoffnungen nach, erwarten einen Krieg, damit wenigstens die Überlebenden die Chance auf ein anderes Leben erhalten. Wieder andere kommen ins Irrenhaus oder begehen Selbstmord „ohne eigentlichen Grund". Doch sind dies Ausnahmen, weil sich die meisten mit der Sachlage „abfinden" und ihren grauen Alltag hinnehmen.

Welche soziale Gruppe würde sich erheben? In der gegebenen Lage sind weder die „Arbeiterklasse", noch die Überreste der Bauernschaft und noch weniger die Intellektuellen dazu imstande. Eine Hoffnung bestünde, wenn sich diese sozialen Gruppen wie in Polen vereinigen könnten. Hat aber diese Verbundenheit in Polen irgendetwas verändert? Ist das Leben der Polen besser oder freier geworden? Hoffnungslosigkeit und Verzweiflung bestimmen die Bewußtseinslage desjenigen, der die Fragen meines Freundes beantworten wollte. Keine Perspektive scheint möglich, keine Lösung realistisch. Die kommunistische Gesellschaft scheint einem Leben ohne Tod verfallen, in dem sie Antlitz und Züge unverändert bewahren muß.

Meine dunklen, trüben Gedanken unterbricht eine Gruppe lärmender Jugendlicher mit Geschrei und Gelächter, die hereinstürmt und sich an den Tisch setzt, an dem ich bereits lange alleine gesessen habe. Zwei Mädchen und zwei Jungen von etwa 15 bis 16 Jahren äußern stürmisch ihre altersspezifische Dynamik. Sie reden laut und kümmern sich um meine Gegenwart nicht. Ich will gehen, ihre Fröhlichkeit scheint mir geziert und kränkt mich irgendwie. Von den vielen Zigaretten ist mein Hals trocken. Ich beschließe noch ein letztes Bier zu trinken.

Bei meiner Rückkehr von der Theke finde ich meine Tischnachbarn rauchend. Ihre Heiterkeit ist unvermindert und sie nehmen mich immer noch nicht zur Kenntnis. Beim besten Willen kann ich nicht ebenso tun. Es reizt mich, daß sie sich an meinen Tisch gesetzt haben ohne mich um meine Zustimmung zu fragen. Dann meine ich, es sei doch einer der „gemeinsamen" Tische. Allmählich beginne ich sie übelgelaunt zu beobachten. Die Jungen haben tiefe Stimmen, die Mädchen kichern andauernd. Dann merke ich, daß ich sie kaum verstehe, ihr Argot, ihre Sprechweise, ähnelt nicht jenem aus meiner Jugend. Die Geschichten bleiben jedoch dieselben, Erlebnisse aus der Schule, die ewige Art Professoren nachzuäffen und zu ironisieren, banale Dinge, die soviel Lachen nicht wert sind. Ihr Kauderwelsch geht mir auf den Wecker und ich zwinge mich ihnen nicht mehr zuzuhören. Ich bemühe mich mein Bier rasch herunterzukriegen. Doch plötzlich stellt sich eine unwirkliche Ruhe ein, meine Nachbarn sind still geworden und ich merke, wie einer der Jungen einige Münzen zusammenzählt, während ihm die anderen gespannt folgen. Der Junge stellt verärgert fest:

„Aus! Die Knete reicht nicht mehr!"

Schweigen. Der zweite Junge kommt ins Grübeln:
,,Was nun? Bleibt nichts als abhauen.''
,,Schon? Nach einem Glas? Wohin sollen wir denn gehen? Vielleicht nach Hause?'' protestiert eines der Mädchen.
,,Soll doch Georg nach Hause laufen, ist doch nur ein Katzensprung, und seine Mutter anpumpen. . .''
Georg ächzt, kratzt sich am Nacken:
,,Laufen laufe ich, die Frage ist nur, ob Mutter was im Sparschwein hat. . .''
,,Wieder muß ich mich opfern,'' meint der zweite Junge, ,,nur ahn' ich Schlimmes. Der Alte hat bei der letzten Abrechnung kaum was in der Tüte gehabt. Vielleicht sollten wir es beide versuchen!''
Die Mädchen werden unruhig, drucksen herum: ,,Wir haben noch Bier und wollen noch nicht weg!''
,,Ihr bleibt und wartet auf uns'', entscheiden die Jungen.
,,So nicht, ihr laßt uns sitzen und kommt nicht wieder.''
Die Jungen, empört-betroffen. ,,Wie denn nicht!'' ,,Wir lassen euch nicht in Stich!''

Die beiden Jungen hauen ab, die Mädchen schweigen. Ich würde ihnen vielleicht ein Bier anbieten, enthalte mich aber: sie sind mir nicht sympathisch. Wahrscheinlich werde ich alt. Die Mädchen unterhalten sich wieder, aber der Ton ist gedämpft, sie kichern nicht mehr. Es ist also möglich, sie können sich auch zivilisiert verhalten. Ich bleibe noch, hole mir noch ein Bier und will sehen, ob die Jungen zurückkehren. Die Zeit vergeht, das Bier der Mädchen ist alle, ihr Schweigen bedrückt, ich spüre, die Jungen kommen nicht wieder. Ich reiche den Mädchen mein Zigarettenpäckchen, sie schauen mich verdutzt an. Ich verharre mit ausgestreckter Hand, doch sie zögern noch immer. Ich hake nach:
,,Wollt ihr keine Zigarette von einem »Alten«?''
Das von mir angesprochene Mädchen errötet und blickt weg. Die Freundin versucht die Lage zu ,,retten'' und nimmt eine Zigarette, auch die andere entschließt sich dazu, schaut mich aber dabei nicht an.

„Grad so scheu scheint ihr mir ja nicht!", meine ich und biete ihnen auch Zündhölzer an.
Die „Mutigere" bleibt standfest:
„Machen wir einen so schlechten Eindruck?"
Es stimmt, ich schaue sie noch immer tadelnd an. Dann versuche ich die peinliche Situation zu überbrücken und hole ihnen auch zwei Bier. Und rechtfertige mich:
„Damit ich nicht allein trinken muß."
Die Mädchen lächeln und werden entspannter, wir stoßen an und schließen Frieden. Ich erfahre wie sie heißen, daß sie Schülerinnen sind und daß die Jungen „nur" ihre Kollegen sind. Dann erzählen sie lauter lustige Geschichten von der Schule. Allmählich langweilt es mich wieder und ich will gehen. Eines der Mädchen scheint meine Absicht zu erraten und fragt:
„Warum sind wir Ihnen nicht sympathisch? Ich meine, warum zeigt ihr, die Erwachsenen, keine Sympathie für die Jugend? Ich habe dies bei vielen Erwachsenen beobachtet. Wieso verurteilt ihr uns ständig und findet, alles, was wir tun, sei falsch?"
Ihre Worte überraschen mich und ich suche nach einer möglichst banalen Antwort. Das Mädchen blickt mir direkt in die Augen, sie ist auf meine Erwiderung neugierig.
„Vielleicht verstehen wir euch nicht richtig", gestehe ich.
„Warum nicht!" wundert sich das Mädchen. „Leben wir anders als ihr gelebt habt? Tun wir Dinge, die ihr in eurer Jugend nicht getan habt?"
Ich werde nachdenklich, aber dann antworte ich ihr:
„Nun, als ihr vorhin mit euren Freunden geredet habt – ich habe nicht richtig hingehört, ich war auch nicht neugierig – aber es war laut und ich habe einiges mitbekommen. Es waren nicht nur lustige Dinge, so meine ich".
„Na und?"
„Und ihr habt trotzdem gelacht!"
„Sie hatten also den Eindruck, wir seien blöd, oder so?" folgert meine Gesprächspartnerin.
Ich bleibe bei meiner „Offensive":

„Und was zum Teufel ist das für eine Sprache? Keiner versteht was. Könnt ihr denn nicht wie alle anderen reden? Müßt ihr ständig neue Redensarten erfinden, reichen euch die Worte, die ihr kaum anständig gelernt habt, nicht?"
Die Mädchen schauen mich verwundert an: „Wir haben doch keine neuen Worte erfunden! Alle Welt spricht so!", verteidigen sie sich.
„So nicht! ich kenne niemanden, der so spricht wie ihr. Ich konnte euer Kauderwelsch auch gar nicht verstehen!"
Die Mädchen lachen: „Wir lehren Sie gern, wollen Sie?"
Die Wendung belustigt mich, ich versuche mich an Redensarten zu erinnern, die ich nicht verstanden hatte.
„Sagt mir, zum Beispiel, wo liegt die »Sankt Walter«-Kirche? Ich kenne keine Kirche dieses Namens in Berlin!"
Die Mädchen schauen sich kurz an und lachen. Dann werden sie ernst, eine neigt sich zu mir und flüstert verschwörerisch:
„Es ist der Fernsehturm auf dem Alexanderplatz."
„Und warum nennt ihr ihn so?"
„Haben Sie nie seinen Schatten bei Sonnenuntergang gesehen? Es ist wie der Schatten eines Kreuzes."
„Schon möglich. Aber warum . . . Sankt Walter?"
Das Mädchen wird noch vertraulicher:
„Den Turm hat doch der heilige Walter (Ulbricht) gebaut. Und die Fernsehprogramme sind so »religiös«, daß sie kein Mensch mehr anschaut."
Plötzlich lache ich mit den Mädchen mit, die mich von „oben" ansehen.
„Dann meinte eine von euch, sie hätte es bei der Physikklausur dank der »sozialistischen Hilfe« geschafft."
„Ach, das heißt so, wenn wir abschreiben, oder wenn uns ein Kollege was zuflüstert. . ."
„Und was soll »mich peitscht nackter Ekel« bedeuten?"
„Dieser Spruch gefällt Georg am meisten. Wissen Sie, er kommt mit der Mathe-Lehrerin nicht klar. Die ist ziemlich schwach, aber die Frau eines Bonzen. Wenn er sich an sie erinnert, dann klopft er diesen Spruch."

Die Stimmung erwärmte sich, wir schienen uns anzufreunden, ich selbst wurde zutraulicher:
„Eine letzte Frage: »Was versteht ihr unter *Camping Afghanistan*«?"
Die Mädchen lächelten nicht mehr, sondern blickten mich forschend an. Eine flüsterte der anderen zu:
„Guck' mal, ob kein »Linienschiff« in Sicht ist?"
„Was ist ein »Linienschiff«", hake ich ein.
Es wurde still, die Mädchen waren in der Bredouille.
„So ängstlich seid ihr doch gar nicht!", wollte ich ihnen Mut machen.
„Nun . . . ein »Linienschiff« ist ein . . . »Superkommunist«."
„Und . . . »Camping Afghanistan« sind . . . die khakifarbenen Lkws und Autos der Sowjets. Haben Sie denn nicht bemerkt, daß sie mit den Buchstaben C und A gekennzeichnet sind?"
Als die Jungen zurückkamen, lachten wir noch immer. Ich lernte auch sie kennen und zahlte allen noch eine Runde. Dann ließ ich sie allein und ging meines Weges.

Die kühle Luft draußen zeigte mir, wie lange ich in der Bierstube verweilt und wieviel ich getrunken hatte. Die frische Luft ernüchterte mich. Ich fühlte mich wohl und wollte wissen, wieso. Das Gespräch mit den Mädchen, vor allem der „Lehrkurs in Sondersprachen" hatten mich amüsiert. Die Neonlampen erhellten nur knapp die leeren Straßen, auf denen ich herumspazierte. Ich hatte keine Lust heimzugehen.

An einem Straßeneck blieb ich stehen und wollte mir mit zitternden Händen eine Zigarette anzünden. Ich hatte die Antwort! Ich hatte die soziale Kraft entdeckt, auf die man bauen konnte und die eines Tages diese falsche Welt umstülpen könnte. Jawohl – diese leichtfertige und redselige Jugend, diese viel zu früh erwachsenen Kinder, diese Frühweisen hatten das Zeug dazu, sie würden es eines Tages schaffen. Seit dem ersten Tag, an dem sie die Augen geöffnet und das Licht der Sonne erblickt haben, wurden diese

Kinder mit kommunistischer Indoktrination überschwemmt. Das erste, was sie gesehen haben, war sicherlich eine rote Losung, und die ersten Worte, die in ihre Ohren gedrungen sind, berichteten zweifelsohne von der Überlegenheit des kommunistischen Systems. Schon im Kindergarten lernten diese Jugendlichen, daß sie die Partei und die große Sowjetunion lieben und ihnen uneingeschränkt vertrauen müssen. Dies wurde ihnen millionenfach wiederholt.

In der Schule lernten sie von den wunderbaren Realisierungen der Sowjetwissenschaft und, daß ihr Leben so schön und so gut sei, weil sich die Partei darum sorgt. Es wurde ihnen ständig wiederholt, daß es ,,drüben" nur Ausbeutung und Elend gibt, daß der amerikanische Imperialismus ihre Kindheit unermüdlich bedroht, daß sie berufen sind, gegen die Feinde des Kommunismus zu kämpfen und ihre Kollegen zu demaskieren, die ein feindliches Verhalten zeigen, um würdige Erben ihrer Großväter zu sein, die ihr Blut im Kampf für die neue Gesellschaft vergossen hatten, daß sie für den Frieden kämpfen, kämpfen und immer wieder kämpfen müssen!

Und trotzdem: dieser ganze erzieherisch-politische Komplex, dieser Koloß in Sachen Propaganda und Indoktrination, diese ewig wiederholten Losungen – sie vermochten nicht, diese Kinder zu überzeugen, sie zogen nicht. Diese Kinder schenken solchen Worten keinen Glauben mehr, sie distanzieren sich bereits jetzt von der kommunistischen Lehre und werten kritisch die ,,geheiligten" Begriffe. Wie ist diese Erscheinung zu erklären, welchen Vergleich konnten diese unter dem Stern des Kommunismus geborenen und erzogenen Kinder überhaupt anstellen? Welche innere, verborgene Triebkraft läßt sie an diesen ,,Wahrheiten" zweifeln und sie ins Lächerliche ziehen? Warum werden die eigentlichen Kommunisten zu ,,Linienschiffen"? Warum wird die ,,Sowjetskaja Armija" mit Afghanistan assoziiert? Hatte man sie nicht gelehrt, daß sie die glorreiche Armee ist, die ihre Söhne geopfert hat, um den Faschismus zu zerstören, und nun darüber wacht, daß die Kinder in einer besseren Welt aufwachsen? All dies ist plötzlich bedeutungslos geworden, die Sowjetarmee ist für sie ganz einfach nur eine imperialistische Armee, die Afghanistan besetzt hält.

Mit einem Mal dachte ich an all die ironischen Bemerkungen und aufsässigen Haltungen, die ich bei Jugendlichen, die in den kommunistischen Gesellschaften leben, beobachtet hatte. Es ist eine allgemeine Erscheinung und ich kann mich nicht erinnern je einem Jugendlichen begegnet zu sein, der sich für den Kommunismus eingesetzt hätte. Bei Diskussionen oder anderen Gelegenheiten, wenn solche Themen angesprochen werden, werden sie plötzlich schweigsam, scheinen gelangweilt oder versuchen auszuweichen. Oder sie werden überheblich und ironisch – in Wort und Tat. Andere schauen einfach blöd drein. Zustimmung drücken sie keinesfalls aus.

Was „wirkt" gegen die „Lehre"? Vielleicht der Instinkt, bestimmt die Intelligenz. Die alten Kommunisten, die ihre Losungen ins Unendliche wiederholen, übersehen immer häufiger, daß zwischen ihren Worten und der Realität eine Lücke klafft, die so groß ist, daß man ihren Worten unmöglich Glauben schenken kann.

Jeder Jugendliche, der ins Leben schreitet, erkennt sofort, daß dieses nicht das beste Leben sein kann! Die Beharrlichkeit, mit der ihm wiederholt wird, daß ihm alle Voraussetzungen und Bedingungen gesichert sind und daß alle Tore für ihn offen stehen, läßt ihn um so schneller erkennen, daß der einzige „Vorteil", dessen er sicher ist, die Möglichkeit ist, möglichst schnell in die Produktion einzutreten und daß ihm nur Bedingungen gewährt werden, die ihn möglichst schnell in einem Industriewerk arbeiten lassen, daß von allen Toren für ihn mit Sicherheit nur das Fabriktor offensteht. Wie kann sich unter solchen Bedingungen jemand überhaupt noch vorstellen, die Jugendlichen seien so naiv, geistig so zurückgeblieben, daß sie einen solchen Losungskomplex hinnehmen, der vom Leben nicht bestätigt wird? Wie sollten sie nicht wahrnehmen, daß ihr Kollege, der Sohn eines Parteibonzen, auf einem Yamaha-

Motorrad in die Schule saust, während ihre Eltern nicht einmal Geld für ein armseliges Fahrrad zusammenkramen können? Die soziale Ungleichheit ist so groß und offensichtlich, daß die Behauptung, dieses sei die vollkommenste Gesellschaftsordnung, niemanden überzeugen kann, vor allem die Jugendlichen nicht, die als erste von der Realität enttäuscht werden. Nach Abschluß der Mittelschule wird der 17jährige Jugendliche in die Knetmaschine der strengen kommunistischen Normen geworfen und sofort mit der „Arbeitsdisziplin", mit dem „demokratischen Zentralismus" und dem „sozialistischen Humanismus" konfrontiert. Er lernt vor allem sich zu bücken, sein Rückgrat zu krümmen, ergeben zu sein und, vor allem, *zu schweigen*! Sollten die ersten paar Jahre seines neuen Lebens leichter sein, sobald er eine Familie gründet, werden auch die letzten Illusionen zunichte gemacht. Das Leben wird schwer und ohne jede Perspektive auf Besserung. Die kleinen Löhne, die ihre unmittelbaren Nöte nicht befriedigen können, zumal wenn sie durch Ratenkredite halbiert werden, die die jungen Eheleute auf sich nehmen müssen, um sich Möbel oder einen Kühlschrank zu kaufen, die ewigen Überstunden und zusätzlichen Arbeitstage, die Sitzungen und Kundgebungen mit Pflichtpräsenz, die häuslichen Obliegenheiten, die Beschaffung der Nahrungsmittel – jedes Ding für sich und alle miteinander bringen im Endergebnis die Freizeit zum Verschwinden, die gerade Jugendlichen so notwendig und lieb ist. Im Leben eines jeden tauchen plötzlich so viele Verpflichtungen, Obliegenheiten und Schwierigkeiten auf, daß jede Möglichkeit sich zu unterhalten und das Leben lebenswerter zu machen verloren geht. Das nötige Geld fehlt auch. Das Leben wird „ernster" und langweiliger. Die Jahre tun das ihre dazu. Akkumulierte Ermüdung nimmt Geist und Körper des Jugendlichen in Beschlag, die Freude am Leben läßt nach. Manche lehnen sich auf, wagen die Rückkehr zum vorherigen Zustand, Ehen werden getrennt, Paare gehen auseinander, man versucht irgendetwas. Dann stellen die Jugendlichen allmählich fest, daß eine Rückkehr zum früheren

Leben unmöglich ist: die Gesellschaft übt ihren Druck aus – direkt (in der „Kader"abteilung wird man getadelt, die Gewerkschaft und die Jugendorganisation tun es auch) und indirekt (der revoltierende Jugendliche findet kein Ausweichquartier, er muß Unterhalt für sein Kind zahlen, das Geld reicht nicht vorne und hinten). Die „Gesellschaft" wacht, die Familie ist ihr werter Kern, die Garantie eines „vernünftigen Lebens", das sich den „allgemeinen Interessen" unterordnet. Doch dieses Leben liefert kein Gleichgewicht, sondern nur Verpflichtungen und Aufgaben und verweigert ihnen Unterhaltung und Freuden (nachdem ihnen soviel versprochen wurde!). Der Schock sitzt tief, wirkt lange nach und wird nicht so leicht vergessen. Die Jugendlichen leben viele Jahre mit der Nostalgie der verlorenen Freiheit, und weil sie den gesellschaftlichen Mechanismus, der an diesem Freiheitsverlust interessiert ist, nicht nachvollziehen können, trägt dann die alleinige Schuld an ihrer Sklaverei die Ehe.

Später kommen die Jahre, in denen sie alles verstehen, die Tücke des Mechanismus wird ihnen klar, sie begreifen die Regeln des Spiels, bei dem sie immer auf der Verliererseite stehen.

Der Jugendliche unserer Tage ist jedoch politisch sehr gut gerüstet, vergleicht bereits von der Schulbank her die Losungen, mit denen er gestopft wird, mit der Wirklichkeit, in der er lebt. Es ist eigentlich der völlig unerwünschte Nutzeffekt der marxistisch-leninistischen Lehre, die seit der Zeit, in der die Massen noch hofften, unverändert geblieben ist bis in unsere Tage, da die Massen mit der Erfahrung und der Enttäuschung ihrer Vorfahren im Genick nicht mehr Glauben schenken, sondern überzeugt werden wollen. Nur, daß der Alltag der kommunistischen Gesellschaft sie vom Gegenteil überzeugt und die „Lehre" annulliert. Hierin liegt der Grund, warum die Jugend so widerspenstig, so distanziert und kritisch ist. Sie braucht nicht einmal ihr Leben mit dem Leben in anderen Gesellschaften zu vergleichen, sie will nicht überzeugt werden, daß „es anderen noch schlechter geht". Nicht das Leben anderer weckt das Interesse eines Jugendlichen, sondern seine eigene Existenz. Ihm reicht eigentlich, daß alles, was ihm täglich gesagt und versprochen wird, mit seinem Leben nichts Gemeinsames hat und nie verwirklicht werden kann.

Die Unzufriedenheit ist eine tiefgreifende und verallgemeinerte gesellschaftliche Erscheinung, die die Gruppe der Vertreter vom Rest der Gesellschaft isoliert. Dieses Phänomen ruft Widerspruch in der kommunistischen Gesellschaft auf den Plan, und die Sachlage, daß die eine Komponente dieses Widerspruchs nicht nur von einer sozialen Gruppe, nicht nur von einer gesellschaftlichen Klasse gebildet wird, sondern von der kräftigsten Schicht der Gesellschaft, dieser Sachverhalt läßt uns hoffen, ist der Hauch von Hoffnung, den wir in unserem Herzen tragen.

Die Jugend stellte immer schon die Hoffnung auf Fortschritt der Menschheit dar. Im hohen Stand, den die menschliche Zivilisation erreicht hat, sehen wir die Bestätigung, daß die Jugend im Laufe der Geschichte die Hoffnungen, die in sie gesetzt wurden, gerechtfertigt hat. Nun ist die Jugend der Welt, insbesondere aber die Jugend der kommunistischen Länder aufgerufen, das Bild dieser Gesellschaft zu verändern und die vielen Hemmnisse, die der gesellschaftlichen Entwicklung im Wege stehen, auszuräumen.

Da die Jugend von den kommunistischen gesellschaftlichen Beziehungen am allermeisten betroffen ist, ist jede soziale und historische Rechtfertigung auf ihrer Seite, um sich gegen diese Beziehungen aufzulehnen und sie zu ändern. Die besonders schweren Bedingungen, unter denen die Jugend heranwächst, fördern die Entfaltung ihrer Intelligenz und ihres Bewußtseins. Der Informationsstrom schafft die Bedingungen, um intellektuell besser ausgebildet zu sein als ihre Vorgänger. Sie ist nun in der Lage, auf die Lügen, die die Eltern schlucken mußten, nicht mehr hereinzufallen.

Wenn es für die kommunistische Gesellschaft eine Hoffnung gibt, so liegt sie hier, in der Jugend, die in Massen durch ihre Tore in die Zukunft schreitet.